Inhalt

Vorwort 4

Recyclingmaterial 6
Basteln mit Recyclingsachen 8
Tollkühne Tierakrobaten 10
Unendliche Weiten 12
Durch die Ziellinie! 14
Fliegende Fische 16
Vorsicht, bissig! 18
Cooler Roboter 20
Dornröschenbrosche 22
Einladung zum Kaffeeklatsch 24
Rein in die gute Stube! 26

Modelliermassen ... 52
Basteln mit Modelliermassen 54
Putziger Nussfreund 56
Grasgrüner Springfrosch 57
Tiefseejäger 58
Kunterbunte Helfer 60
Teatime! 62
Freundlicher Krake 64
Schicker Gruselschmuck 66
Aus der Bahn! 68
Süße Liebeserklärung 70
Für Naschkatzen! 71

Papier 28
Basteln mit Papier 30
Film ab! 34
Flowerpower 36
Wer spukt denn da? 37
Meine Freunde 38
Die Schatzinsel 40
Ein knallbunter Strauß 42
Glückssternschmuck 44
Ene mene meck und du bist weg! 46
Lichteffekte 47
Der Löwe ist los! 48
Royaler Edel-Thron 50

Textilien 72
Basteln mit Textilien. 74
Für Schlüsselkinder 76
Märchenhafter Haarschmuck 78
Monstermäßiger Jonglierspaß. 80
Kuschelige Springspinnen 83
Willkommen im Zauberwald! 84
Beste Freundinnen. 88
Springseil-Power! 91
Ich hab dich sooo lieb! 92
Tasche mit Musik. 94

Naturmaterial 112
Basteln mit Naturmaterial 114
Sommerliche Gartenparty 116
Findeschmuck. 118
Naturkunst 120
Mein Style 122
Waldmusik. 124
Wer knabbert denn da? 125
Wilder Piratenangriff 126
Waldpost. 128
Lebende Steine 129
Baumgeister. 130
Gut getarnt 132

Vorlagen. 134
Buchtipps für dich 142
Impressum. 144

Farbe 96
Kreativ mit Farbe. 98
Fabelhaftes Einhorn. 100
Zauberlicht 101
Mächtiger Vulkanausbruch 102
Bunte Großstadtwelt 103
Außerirdische Pustemonster 104
Wüstenlandschaft 106
Schreib mal wieder! 108
Farbexperimente 110

Diese Bastelidee ist zeitintensiv.

Du benötigst die Hilfe eines Erwachsenen.

Am schönsten in der Gruppe!

Raus mit dir!

Pass auf deine Kleidung auf!

Inhalt 3

Vorwort

Basteln ist etwas Wunderbares. Ein Bastelnachmittag mit der Familie ist gemeinsam verbrachte Qualitytime. Jedes Objekt macht den kleinen Künstler stolz und der Entstehungsprozess, das kreative Schaffen voller Konzentration auf Materialität und Farbe kann einen geradezu in einen Flow versetzen.

Die Ideen in diesem Buch sind für Kinder gedacht, die schon selbständig basteln können. Vor- und Grundschüler kommen hier also voll auf ihre Kosten.

Sollten Sie trotzdem mit einem noch ungeübten Kindergartenkind in die abenteuerliche Welt des Bastelns eintauchen wollen, dann empfiehlt es sich, dass Sie vorab die Grundanleitung des jeweiligen Kapitels lesen und ein wenig assistieren. Alle Grundtechniken des Bastelns werden genau erklärt – als Einstieg in jede Technik am Kapitelanfang und noch einmal Schritt für Schritt am jeweiligen Modell.

Die Bastelideen reichen von Klassikern wie der „Himmel und Hölle"-Faltung, die Sie sicher noch aus Ihren Kindheitserinnerungen kennen, bis hin zu originellen Innovationen wie einem Krokodil aus Luftpolsterfolie. Wenn man einmal die kreativen Grundelemente beherrscht, ist es kinderleicht und herrlich aufregend, neue Varianten zu finden. Hier lernt Ihr Kind fürs Leben, so macht Basteln Spaß!

Basteln mit Recyclingsachen

Das solltest du darüber wissen

„Recycling" heißt Wiederverwerten

Aus einigen Zivilisationsresten lassen sich tolle Sachen machen. Du solltest deine Fundstücke, wie Plastikdeckel, Joghurtbecher, Marmeladengläser und Tetra Paks® allerdings gründlich spülen, bevor du sie verbastelst, um eventuell anhaftende Keime zu entfernen. Schon hast du großartiges Bastelmaterial.

Bastelplatz vorbereiten

Bevor du mit dem Basteln beginnst, egal, ob auf dem Tisch oder auf dem Boden, decke alles gut ab. Auch hier verwendest du „Recyclingmaterialien" – alte Zeitungen oder aufgeschnittene Mülltüten eignen sich super dafür. Als passende Bastelkleidung eignen sich deine ältesten Anziehsachen oder ein ausgedientes Männerhemd.

Wertvolle Fundsachen

Als Bastelmaterial kannst du Eierkartons, Zeitungspapier, Blechdosen, Joghurtbecher, Verpackungsfolie, Kartonumverpackungen, Luftpolsterfolie, Marmeladengläser, Tetra Paks®, Plastikflachen und ihre Verschlüsse, Toilettenpapier- und Küchenpapierrollen und Alufolie benutzen. Pappteller kannst du verwenden, um darauf Acrylfarbe zu mischen. Alte Wäscheklammern können dir dabei helfen, frisch geklebte Teile zu fixieren. Eigentlich kann man mit fast allem kreativ sein!

Schmirgeln

Manche Recyclingfundstücke haben scharfe Kanten. Diese solltest du vor dem Basteln mit etwas Schmirgelpapier abschleifen, damit du dich später nicht daran verletzt.

Altkleidersammlung

Deine alten T-Shirts kannst du als Wischlappen beim Malen benutzen, falls etwas Farbe daneben geht oder du zwischendurch deine Finger abwischen möchtest. Aber Flohmarktstoffe kann man natürlich auch zu neuen Sachen zusammennähen. Diese Technik nennt man „Patchwork".

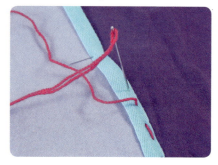

Schablonen

Für viele Techniken benötigst du eine Schablone – manchmal genügt es, wenn du die Vorlagenzeichnung mithilfe von Kohlepapier auf dein Bastelmaterial überträgst. Wenn du aber in einer Kindergruppe arbeitest oder ein Element mehrfach benötigst, dann solltest du die Vorlage auf Pappe übertragen, sorgfältig ausschneiden und dann mit dieser Schablone arbeiten. Lege sie auf den entsprechenden Untergrund, umfahre sie mit einem Stift und schneide das Objekt aus.

Schere oder Cutter?

Wenn mit einer Schere geschnitten wird, kannst du das übernehmen. Manchmal bietet sich eine Zackenschere an, beispielsweise bei Stoff oder Bastelfilz. Kleine Details schneidest du am besten mit einer Nagelschere aus. Meistens eignet sich aber eine Kinderbastelschere. **Ein Cutter gehört allerdings immer in Erwachsenenhände!**

Klebstoff

Für die meisten Recyclingmaterialien bietet sich UHU Alleskleber Kraft an. Es gibt aber auch spezielle Klebstoffe für Metall, Glas oder Keramik, die hier bestens funktionieren.

Tollkühne Tierakrobaten
Korkenmännchenkatapult

Das brauchst du

Schwierigkeit • • •

- 6 Sektkorken
- Acrylfarbe in Gelb, Hellgrün, Braun, Hellbraun, Rot, Orange, Graublau und Blau
- Chenilledraht in Gelb, Orange, Braun und Graublau
- Lackmalstift in Schwarz und Weiß
- Fichtenholz, 4 cm x 20 cm, 1,2 cm stark
- Rundholz, ø 3,5 cm, 4 cm lang
- Bohrer
- Schraube, 3,5 cm lang
- UHU Alleskleber Kraft

Vorlagen Seite 135

1 Bemale alle Korken zunächst in der Grundfarbe und lass sie gut trocknen.

2 Ergänze nun Pfoten, Schnauzen und Fellstreifen, wie du sie auf dem Foto sehen kannst. Lasse danach die Farbe wieder gut trocknen.

3 Mit den Lackmalstiften kannst du lustige Gesichter aufmalen.

4 Nun fehlen noch die Ohren der Tiere! Schneide dazu von den Chenilledrähten je zwei 5 cm lange Stücke ab und rolle sie zu Schnecken zusammen. Diese klebst du an die Figuren. Der Löwe bekommt noch eine 6 cm lange Mähne. Die Ohren des Elefanten sind größer, du brauchst dafür zwei 10 cm lange blaue Drahtstücke. Der Rüssel ist 4 cm lang.

5 Bemale die Holzstücke für das Katapult in Blau und Rot und verziere sie mit dem weißen Lackmalstift. Bitte einen Erwachsenen, dir beim Zusammenschrauben der beiden Teile zu helfen: Das Rundholz muss 6 cm vom Rand entfernt befestigt werden.

6 Nun kann es losgehen! Setze ein Korkentier auf das lange Katapultende und schlage mit der Hand auf das kurze Ende: Schon saust es durch die Luft! Schaffst du es, das Tier zu fangen?

Tipp
Die Korken kannst du auch ganz weiß bemalen und Gruselgesichter aufmalen, dann fliegen kleine Gespenster durch das Zimmer!

10 Recyclingmaterial

Unendliche Weiten

Plastikflaschenraketen und -astronauten

Das brauchst du

Schwierigkeit

- Plastikflasche (0,5 l–0,75 l)
- 2 Kronkorken
- Acrylfarbe in Weiß, Rot und Blau
- Masking Tape in Gelb
- Joghurtbecher in Gelb, Rot und Orange
- Glitzerpapier in Silber und Blau
- Fotokartonrest in Gelb
- UHU Alleskleber Kraft

Vorlage Seite 138

1 Grundiere die Plastikflasche mit der weißen Farbe und lass diese gut trocknen. Falls die erste Farbschicht nicht deckend war, trage eine weitere Schicht auf.

2 Male mit der roten und blauen Farbe Streifen auf deine Rakete. Die Innenseite der Kronkorken malst du hellblau an, mische dazu Weiß mit ein wenig Blau.

3 Schneide die beiden Flügel aus Fotokarton aus, knicke sie so, wie du es auf der Vorlage siehst, und klebe sie an die Rakete.

4 Schneide den oberen Rand der Joghurtbecher ab. Schneide dann jeweils aus dem Becherrand des orangefarbenen Bechers und des gelben Bechers Zacken heraus und klebe die verschiedenfarbigen Zacken bei beiden Bechern versetzt ineinander. So sieht es aus wie Triebwerksfeuer, das du an der Raketenunterseite ankleben kannst.

5 Klebe den Schraubverschluss mit dem gelben Masking Tape zu und befestige die Kronkorken an den Seiten der Raketen.

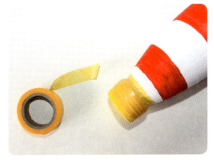

6 Mit Kreisen aus silberfarbenem Glitzerpapier kannst du die Rakete noch verzieren. Auf dem Deckel der Flasche sieht ein Glitzerstern hübsch aus!

Tipp
Aus kleinen Joghurtfläschchen kannst du ganz leicht Astronauten und Aliens basteln: mit Acrylfarbe bemalen, eine bemalte Wattekugel als Kopf aufkleben, fertig! Wenn du magst, kannst du auch hier Glitzerpapier zum Verzieren verwenden.

Recyclingmaterial 13

Durch die Ziellinie!

Joghurtbecherrennautos

Das brauchst du

Schwierigkeit ● ● ●

* 2 Joghurtbecher in Rot
* 4 Flaschenverschlüsse in Blau
* Flaschenverschluss in Weiß
* Strohhalm in Schwarz
* Puddingbecher in Transparent
* Wattekugel, ø 1 cm
* Rallyestreifen, selbstklebend, 15 cm lang
* Bastelfarbe in Gelb und Schwarz
* UHU allplast
* Schere
* Küchenmesser

1 Klebe zwei Joghurtbecher an den Öffnungen zusammen. Als Autoreifen klebst du vier gleiche Flaschendeckel an der entsprechenden Stelle fest.

2 Halbiere die Wattekugel vorsichtig mit einem Küchenmesser und klebe sie an das Auto.

3 Jetzt malst du sie als Scheinwerfer schwarz und gelb an.

4 Schneide einen durchsichtigen Puddingbecher in der Hälfte durch und klebe ihn als Windschutzscheibe an das Becherauto.

5 Ein schwarzer Strohhalm, in U-Form geknickt, wird als Verdeck an das Auto angeklebt. Befestige einen weiteren Flaschendeckel als Ersatzrad am Heck.

14 Recyclingmaterial

6 Den Zipper einer Milchverpackung klebst du als Lenkrad an.

7 Zuletzt kannst du das Auto noch mit Rallyestreifen verzieren, schon kann das Rennen beginnen!

Aktividee

Veranstalte mit deinen Freunden ein spannendes Autorennen. Dazu benötigt jeder für seinen Rennwagen eine Rolle Garn. Befestigt den Anfang des Garns mit einer Reißzwecke an der Motorhaube. Das andere Ende befestigt ihr an einem kurzen Stock. Dann markiert ihr auf der Straße eine Start- und Ziellinie mit Kreide. Stellt eure Wagen nebeneinander an die Startlinie. Ihr selbst stellt euch hinter das Ziel. Auf die Plätze, fertig, los! Wer wickelt den Faden am schnellsten auf? Wer fährt als erstes durchs Ziel?

Recyclingmaterial

Fliegende Fische
flatternder Tütenwindfang

Das brauchst du

Schwierigkeit

* Plastiktüte, bunt
* Deckel einer Käseschachtel
* Paketschnur in Rot-Weiß, 35 cm lang
* 2 ovale Wackelaugen, ø 2 cm
* Hologrammfolienrest
* Lochzange
* UHU Bastelkleber
* Lineal
* Permanentmarker in Schwarz
* Schere

Vorlage Seite 136

1 Schneide die Plastiktüte an den Längsseiten auf. Trenne die Pappscheibe aus der Käseschachtel.

2 Miss den Umfang der Käseschachtel und schneide von der Plastiktüte ein entsprechend langes Stück mit 2 cm Klebezugabe ab. Der Streifen sollte 13 cm breit sein.

3 Den Rest der Plastiktüte kannst du nun der Länge nach in 2 cm breite Streifen schneiden. Diese klebst du an die lange Seite des breiten Streifens.

4 Klebe die langen Streifen rund um die Käseschachtel herum. Stanze mit einer Lochzange zwei Löcher in den Ring. Fädle die Paketschnur durch und knote sie fest.

5 Klebe nun noch die Wackelaugen auf und betone sie mit dem Permanentmarker. Schneide die Flossen aus der Hologrammfolie aus und fixiere sie mithilfe von Bastelkleber an deinem fliegenden Fisch.

Tipp
Den Flatterfisch kannst du z. B. auf dem Balkon aufhängen oder an einen Stock binden. Der Wind lässt ihn wild herumflattern.

Recyclingmaterial 17

Das brauchst du

Schwierigkeit
● ● ●

- Bläschenfolie, 20 cm x 20 cm
- Fotokarton in Grün, A4
- Moosgummi in Grün, A4
- Fotokartonrest in Pink
- Blatt Papier

* Acrylfarbe in Gelb, Neon- und Dunkelgrün
* Filzstift in Rot
* Permanentmarker in Schwarz
* 2 Wattekugeln, ø 1 cm
* Borstenpinsel
* Klebefilm
* UHU por
* Zick-Zack-Schere
* Nagelschere

Vorlage Seite 134

Tipp
Wenn du die grüne und gelbe Acrylfarbe nicht komplett vermischst, erhält dein Krokodil eine tolle Reptilienhaut.

Vorsicht, bissig!
Krokodil aus Bläschenfolie

1 Wickle die Bläschenfolie mit den Bläschen nach außen zu einer Rolle und fixiere sie mit Klebestreifen. Schlage das eine Ende der Rolle als Kopf einmal um und klebe es ebenfalls fest. Das andere Ende schneidest du als Schwanz spitz zu.

2 Für die Augen ritzt du mit einer feinen Nagelschere an entsprechender Stelle beidseitig einen kleinen Spalt in die Folie. Dort hinein klebst du die Wattekugeln mithilfe von Styroporkleber. Schneide Vorder- und Hinterbeine einmal aus Moosgummi und einmal aus Tonkarton aus. Klebe sie aufeinander und dann von unten ans Krokodil.

3 Bemale die Folie dann mit einem Gemisch aus grün-gelber Acrylfarbe, indem du die Farbe mit dem Pinsel auf die Bläschen tupfst. Lass alles gut trocknen.

4 In der Zwischenzeit schneidest du mit der Zackenschere aus dem pinkfarbenen Fotokarton einen schmalen Streifen für die Rückenzacken und aus dem Blatt Papier einen weißen Streifen für die Zähne.

5 Mit einem roten Filzstift kannst du das Zahnfleisch andeuten. So sieht dein Krokodil gefährlich aus. Die schlitzförmigen Pupillen malst du mit dem schwarzen Permanentmarker auf die Wattekugelaugen.

Recyclingmaterial **19**

Cooler Roboter

Konservendosenkerl

Das brauchst du

Schwierigkeit • • •

- Konservendose, leer, 9 cm hoch, 8 cm breit mit Deckel
- Konservendose, leer, 12 cm hoch, 10 cm breit
- 2 Konservendosen, leer, 9,5 cm hoch, 5,5 cm breit
- 2 Konservendosen, leer, 5 cm hoch, 8,5 cm breit
- 10 Ringschrauben, 2 cm lang
- 7 Spaltringe, ø 0,7 cm
- Glitzerpapier in Silber, A4
- Glitzerpapierreste in Pink, Hellgrün, Türkis und Lila
- Papierdraht in Blau, 2 mm stark, 12 cm lang
- Nylonschnur, 1 mm stark, 3 m lang
- 7 Weinkorken
- Filzschnur in Weiß, 75 cm lang
- 2 Filzschnüre in Hellgrün, 75 cm lang
- Permanentmarker in Schwarz und Weiß
- Heißkleber
- Holzleim

Vorlage Seite 139

1 Schneide aus dem Glitzerpapier alle Teile aus, die du zum Verzieren des Roboters brauchst. Eine Nase in Pink, verschiedene Sterne in Silber, Lila und Türkis und Glitzerstreifen für die Arme.

2 Klebe alle Teile auf die Dosen und male mit dem schwarzen Stift Augen und Mund auf die Kopfdose.

3 Bitte einen Erwachsenen, dir die Dosen mittig zu durchbohren. Bei der Dose für den Bauch wird außerdem die Dosenwand oben links und rechts durchbohrt. Hier werden später die Arme befestigt.

4 Halte an jedes Bohrloch im Innern der Dose einen Korken und schraube von außen je eine Ringschraube hinein.

5 Nun musst du alle Dosen miteinander verbinden. Das ist ein wenig knifflig, deshalb sollte dir ein Erwachsener dabei helfen! Zunächst müsst ihr an jedem Arm drei Spaltringe in einer Reihe befestigen. Den letzten Ring verbindest du jeweils mit den Ringschrauben an den Seiten des Bauches. An die obere Ringschraube des Bauches steckst du nur einen Spaltring. Daran wird anschließend der Deckel der Kopfdose befestigt.

6 Bitte einen Erwachsenen, dir den Dosendeckel mit Heißkleber zu fixieren.

7 Aus den drei Filzschnüren kannst du die Beine flechten. Verknote die Enden und knicke den Zopf in der Mitte. Binde ihn mit dem kurzen Garnstück an eine weitere Ringschraube und schraube diese am Korken auf der Innenseite der Bauchdose fest.

8 Die Beine fixiert ihr mit Heißkleber an den Ringschrauben der Fußdosen.

9 Wenn du möchtest, kannst du am Kopf des Roboters noch eine Antenne aus Papierdraht und Glitzerfolie anbringen. Außerdem fehlt noch eine Aufhängung aus Nylonschnur an der oberen Ringschraube.

Tipp

Um deinen Roboter „in Betrieb" nehmen zu können, verwandelst du ihn in eine Marionette. Dazu brauchst du drei Rundstäbe und Nylonfäden, die an Kopf, Armen und Beinen befestigt werden. Und los geht's, lass deinen Roboter laufen und tanzen!

20 Recyclingmaterial

Dornröschenbrosche
raffinierter Reißverschlussschmuck

Das brauchst du

Schwierigkeit • • •

* Reißverschluss in Neongelb und Neonorange, 30 cm lang
* 2 Reißverschlüsse in Dunkelgrün, 15 cm lang
* 2 Broschennadeln
* Nähnadel
* Nähgarn in Gelb, Rot und Grün
* Heißkleber

1 Schneide die Reißverschlüsse an beiden Enden ab und teile sie. Du benötigst für eine Rosette nur eine Hälfte.

2 Rolle den Reißverschluss von der Mitte her auf. Lege dabei Falten und Schlaufen locker rundum, in immer größer werdenden Bögen. Fixiere die Falten nach jeder Runde mit Nadel und Faden. Nähe mit Heftstichen (siehe allgemeine Anleitung Seite 74) und zwar so, dass der Faden an der Oberseite unsichtbar bleibt. Das Ende des Reißverschlusses lässt du langsam auslaufen und nähst es ebenfalls fest.

3 Schneide die grünen Reißverschlusshälften durch, sodass du zwei gleiche Teile erhältst. Falte jedes Teil zu einem Blatt und fixiere die Form mit Nadel und Faden.

4 Nähe die Blätter an der Unterseite der Rosette fest. Zum Schluss klebst du eine Broschennadel mit Heißkleber auf der Rückseite der Reißverschlussblüte fest. Dabei soll dir ein Erwachsener helfen.

Aktividee
Du könntest mit deiner Klasse viele verschiedene solcher Rosen-Schmuckstücke herstellen und auf eurem nächsten Schulfest als Modeschmuck verkaufen – natürlich zu einem guten Zweck.

Einladung zum Kaffeeklatsch

gemütliche Sitzgarnitur aus Weinkisten

Aktividee

Fertige auf die gleiche Weise einen zweiten Kistensitz an und drehe eine dritte Weinkiste um, schon hast du eine super Sitzgarnitur für dich und einen Freund oder eine Freundin. Mit der Weinkistensitzgarnitur könnt ihr es euch überall gemütlich machen. Vielleicht veranstaltet ihr ein Picknick auf dem Spielplatz oder einen Kaffeeklatsch im Wohnzimmer?

Das brauchst du

Schwierigkeit •••

* alte Weinkiste
* 3 alte Leggins in Lila
* Unterhemd in Flieder, Größe 116
* Webbänder in Hellblau, Mittelblau und Türkis, 50 cm lang
* 2 Filzplatten in Grau, 35 cm x 45 cm, 4 mm stark
* Sticknadel
* Stickgarn in Blau und Pink

1 Zerschneide alte Leggins oder T-Shirts, die dir nicht mehr passen. Schneide an der Naht entlang, so erhältst du möglichst große Stoffstücke. Schneide alle Nähte, Säume und Waschzettel ab.

2 Lege die einzelnen Stoffstücke lückenlos auf eine Filzplatte. Es ist wichtig, dass du alle Stoffränder nach innen faltest, damit sie nicht ausfransen.

3 Lege die Webbänder über die einzelnen Ränder und befestige das Ganze mit Stecknadeln an der Filzplatte.

4 Nähe die Stoffreste und die Bänder mit großen Vorstichen (siehe Seite 74) an die Filzplatte. Am besten nähst du jeweils an beiden Außenseiten der Bänder entlang.

5 Wende das Ganze, sodass die Filzplatte jetzt oben liegt. Klappe die überstehenden Stoffreste um und lege die zweite Filzplatte darauf – so wie bei einem Sandwich. Damit nichts verrutscht, befestigst du die beiden Platten wieder mit Stecknadeln.

6 Nähe beide Filzplatten an den Außenseiten mit einem Saumstich (siehe Seite 74) aneinander. Zum Schluss entfernst du alle Nadeln.

7 Drehe die Kiste um, lege dein Polster drauf – fertig ist dein neuer Kistensitz!

Recyclingmaterial

Rein in die gute Stube!
Recycling-Puppenküche

Das brauchst du

Schwierigkeit • • •

* Schuhkarton
* 6 Streichholzschachteln
* 2 Joghurtbecher in Gelb
* Kronkorken
* 2 Holzperlen in Rosa und Natur, ø 1 cm
* 11 Holzperlen in Gelb, Orange, Rot und Grün, ø 8 mm
* 3 Strohhalme in Gelb und Blau
* Stoffrest in Grau
* Stickgarnreste in Rosa
* Bogen Geschenkpapier in Weiß mit grün-blauem Muster
* Flüssigkleber
* Schere
* Nadel
* Acrylfarbe in Gelb, Gold, Lindgrün, Weiß und Schwarz
* dünner Haarpinsel
* breiter Borstenpinsel

Wände

1 Falls dein Karton stark bedruckt ist, solltest du ihn zuerst einmal mit weißer Farbe grundieren. Nachdem alles getrocknet ist, bemalst du die Außenseiten des Schuhkartons mit goldener Acrylfarbe.

2 Wenn die Farbe trocken ist klebst du einen Stoffrest als Teppich auf den Boden. Beklebe die restlichen Innenseiten mit dem Geschenkpapier – das wird die Tapete deiner Puppenküche.

Lampe

1 Schneide einen Joghurtbecher waagerecht in der Mitte durch. Knote eine Holzperle an das Ende eines Stück Stickgarns. Fädle das Garn auf eine große Nadel und steche von innen durch den Becherboden. Steche weiter durch die Kartondecke und befestige am anderen Ende des Garns wieder eine Holzperle – schon hängt eine Lampe in deiner Puppenstube!

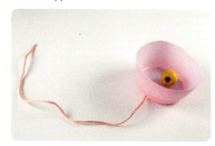

Tisch und Sitzmöbel

1 Schneide vier 4 cm lange Stücke von einem Strohalm ab und klebe sie in die Ecken des Innenteils einer Streichholzschachtel. Umdrehen, gelb anmalen, fertig ist der Tisch!

2 Schneide die Außenhülle einer Streichholzschachtel in der Mitte durch. Bemale beide Teile mit gelber Acrylfarbe. Das sind die Sitzmöbel.

Obstschale

1 Klebe Holzperlen in Gelb, Rot, Grün und Orange in einen Kronkorken und stelle ihn als Obstschale auf den Puppenstubentisch.

Herd

1 Klebe zwei Streichholzschachteln aufeinander. Schneide die Frontseite einer dritten Schachtelhülle ab und klebe sie an eine der beiden Seitenflächen deiner Doppeldeckerschachtel. Bemale das Ganze lindgrün und zeichne anschließend mit einem feinen Pinsel und schwarzer Farbe Herdplatten, Schalter und Ofenklappe auf.

Spüle

1 Schneide einen Joghurtbecher waagerecht in der Mitte durch. Verwahre den unteren Teil des Bechers. Schneide ein großes Loch in die Bodenfläche eines Streichholzschachtel-Innenteils. Schiebe den Joghurtbecher durch das Loch und klebe ihn an der Schachtel fest. Schneide vier 4 cm lange Stücke von einem Strohalm ab und klebe sie in die Ecken des Innenteils einer Streichholzschachtel. Umdrehen, lindgrün anmalen – fertig ist die Spüle!

Wasserhahn

1 Schneide über der Spüle drei kleine nebeneinander liegende Löcher in die Rückwand deiner Puppenstube. Stecke durch die äußeren Löcher jeweils ein 2 cm langes Stück Strohhalm. In das mittlere Loch ein 3 cm langes Stück Strohhalm mit Knickelement.

Wandregal

1 Klebe zwei Streichholzschachtel-Innenteile an der schmalen Seite zusammen. Danach kannst du das Regal lindgrün bemalen und an die Wand kleben.

Recyclingmaterial **27**

Basteln mit Papier

Das solltest du darüber wissen

Reißen
Wer noch nicht exakt schneiden kann oder einfach keine Geduld hat, kann Papier in kleine Schnipsel reißen. Das hat oft einen herrlich künstlerischen Effekt. Für Pappmaché sind kleine gerissene Papierflocken das Basismaterial. Daraus können auch Großprojekte entstehen!

Knüllen
Papier lässt sich nicht nur glatt aufkleben, du kannst es auch erst zu kleinen Kügelchen knüllen. Aus aufgefädelten großen Seidenpapierknäueln kannst du dir in Nullkommanix eine kunterbunte Girlande fürs nächste Kinderfest basteln.

Schneiden
Papierstreifen, beispielsweise für Fröbelsterne, Quilling, Hexentreppen oder Glückssterne schneidet am besten ein Erwachsener mithilfe eines Stahllineals und eines Cutters auf einer Schneideunterlage zu. Exakt schneiden solltest du beispielsweise für das Freundealbum auf Seite 38 können.

Papier **31**

Schablonen
Siehe Seite 9.

Falten
Papier kann man prima falten – je dünner, desto besser! Besonders eignet sich Origamipapier. Auch Geschenkpapier kannst du hervorragend falten, da es ganz dünn ist – zusätzlich findest du es bedruckt mit vielfältigsten Motiven und Mustern. Für exakte Faltlinien benötigst du ein Lineal und ein Falzbein, das ist eine Art Plastikstift, mit dem du Linien vorziehen kannst.

Spezialfaltung „Glücksstern"

1 Mache an das Ende eines Papierstreifens einen Knoten und drücke ihn flach.

2 Verstecke das kurze Streifenende im Knoten und wickle dann den langen Streifen um das Knotenfünfeck herum. Dabei folgst du immer der Seitenkante. Verstecke auch den Streifenrest im Knoten.

3 Drücke mit dem Fingernagel in die Mitte jeder Seitenkante, dein Stern poppt auf.

Spezialfaltung „Himmel und Hölle"

1 Falte ein Papierquadrat zweimal diagonal.

2 Falte alle Ecken zur Mitte.

3 Drehe das Quadrat auf die Rückseite und falte erneut alle Kanten zur Mitte.

4 Schiebe nun deine Finger in die losen Spitzen und schiebe das Papier zu einer Blüte zusammen.

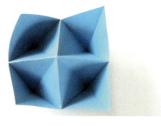

Kleben

Papier lässt sich wunderbar bekleben oder mit Klebstoff fixieren. Aber je nachdem, welchen Klebstoff man verwendet, ist das Ergebnis ein anderes. Kleine Kinder arbeiten am besten mit Kleister, dieser lässt sich leicht mit den Händen auftragen und er ist aus der Kleidung auswaschbar. Wenn du schon sorgfältiger arbeiten kannst, verwendest du einen Klebestift. Für große Flächen bietet sich Sprühkleber an (draußen arbeiten!), für punktgenaues Arbeiten Flüssigkleber. Alle lösungsmittelfreien Klebstoffe lassen das Papier wellig werden.

Pappmaché

Aus Zeitungspapierschnipseln und Kleister kannst du die tollsten Objekte modellieren. Das Kleisterpulver muss zunächst mit Wasser angerührt werden, hierbei müssen die Herstellerangaben auf der Packung beachtet werden (ein erwachsener Assistent soll dir dabei behilflich sein). Oft wird eine Grundform (Luftballon, Shampooflasche, Plastikschüssel) ummantelt. Kleine Details modellierst du aus Toilettenpapier (oder Papiermehl) und Kleister. Soll das Gebastelte lichtdurchlässig sein (beispielsweise eine Laterne oder ein Windlicht), ersetzt du das Zeitungspapier durch Transparent- oder Seidenpapier.

Papier 33

Film ab!

Fernseher aus Schuhkarton

Das brauchst du

Schwierigkeit
• • •

* Kinderschuhkarton mit Deckel
* 2 Pappbecher
* Packpapierrest
* Kartonrest in Weiß
* 2 Blatt Papier
* Geschenkpapierrolle in Weiß
* feiner Haarpinsel
* breiter Borstenpinsel
* Acrylfarbe in Weiß, Blau, Grün, Gelb, Rot und Braun
* Kreppklebeband
* UHU Stick
* Bleistift

1 Schneide in den Schachteldeckel – leicht nach links versetzt – eine Öffnung mit den Maßen 12 cm x 15,5 cm. Das ist der Bildschirm. Runde die Ecken dabei leicht ab.

2 Stelle die Schachtel ohne Deckel aufrecht hin und schneide mit etwas Abstand zur Rückwand einen Schlitz in die Schachtel, der über beide Seitenflächen und die Decke läuft, nicht aber über die Bodenfläche, sonst fällt die Schachtel auseinander!

3 Schneide zwei Pappbecher jeweils längs ein und befestige beide Becher – Schlitz an Schlitz – an den Seitenwänden mit Kreppklebeband.

4 Bemale das Ganze von innen und außen mit weißer Acrylfarbe.

5 Sobald die Farbe trocken ist, kannst du deinen Fernseher außen mit Packpapier verzieren: Schneide Schalter, Knöpfe und einen Bildschirmrahmen aus und klebe sie auf.

6 Aus einem Kartonrest kannst du eine zu deinem Film passende Kulisse ausschneiden, anmalen und in den Schachtelboden kleben.

7 Für den Film benötigst du lange Papierstreifen mit derselben Höhe wie deine Schachtel. Schneide die Geschenkpapierrolle passend zu, sodass sie 12 cm hoch ist. Male deinen Film auf diese Rolle.

8 Für den Spulmechanismus rollst du mithilfe eines Bleistifts jeweils ein Blatt Papier zu einer festen engen Rolle. Fixiere die Papierstäbe mit Kreppklebeband an einem Ende des Filmstreifens. Film ab!

Flowerpower
kunterbunte Blumengirlande aus Fotokarton

Das brauchst du

Schwierigkeit ● ● ○

* Fotokarton in Gelb, Creme, Grün, Pink, Braun, Rot und Orange
* Seidenpapier in Blau, Rot, Gelb, Orange und Hellgrün
* Satinband in Weiß, 1,2 cm breit, 2 m lang
* Masking Tape in Rot mit weißen Punkten
* Stopfnadel

Vorlage Seite 134

1 Schneide so viele Blumen in verschiedenen Farben und Größen aus, wie du möchtest.

2 Klebe die einzelnen Blumen in verschiedenen Größen versetzt aufeinander.

3 Knülle Seidenpapierstücke zusammen und fädle die verschiedenen Farben mithilfe einer Stopfnadel auf das Satinband auf.

4 Nach dem Trocknen kannst du die Blumen mithilfe von Masking Tape an die weißen Satinbänder kleben.

Tipp
Du kannst mehrere Blumengirlanden waagerecht aufhängen oder nebeneinander zu einem Blumenvorhang dekorieren.

36 Papier

Wer spukt denn da?
Taschenlampen-Geistertüten

Das brauchst du

Schwierigkeit
● ● ○

* Blatt Papier
* Glitzerpapier oder Fotokarton in Pink und Türkis
* Masking Tape in hellblau kariert, Hellgrün und Dunkelblau
* Filzstift in Schwarz
* Buntstift in Rot
* UHU Bastelkleber
* Taschenlampe

Vorlage Seite 137

1 Übertrage die Form des Gespensts mit Hilfe der Vorlage auf das weiße Papier und schneide sie aus.

2 Schneide aus dem Fotokarton oder Glitzerpapier eine Nase, ein kleines Herz und einen Stern aus und klebe alles auf das Gespenst.

3 Male das Gesicht mit dem Filzstift auf und ergänze, wenn du möchtest, mit dem Buntstift rote Wangen.

4 Verziere das Gespenst mit Masking Tape.

5 Klebe zum Schluss deinen Geist an den Längsseiten zu einer spitzen Tüte zusammen.

Aktividee
Stecke den Geist auf eine Taschenlampe und beleuchte ihn damit! Bei der nächsten Pyjama-Party mit deinen Freunden könnt ihr im Dunkeln ein Geistertheater aufführen.

Papier

Meine Freunde

selbstgebundenes Freundschaftsalbum

Schwierigkeit
• • •

* Tonkarton in Cremeweiß, 33 cm x 23,5 cm
* 5 Bogen Skizzenpapier in Grau, A4
* 16 Bogen Tonpapier in Neongelb und Neonpink, 13 cm x 19,5 cm
* Tonpapierreste
* Buchbinderzwirn, 50 cm lang
* Sticknadel
* alte Zeitschrift
* Schere
* UHU stic
* Lineal

Vorlage Seite 140/141

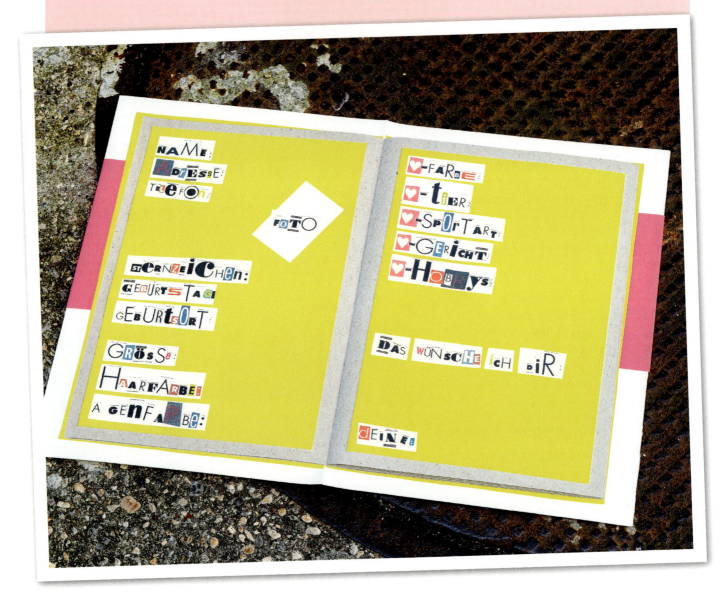

38 Papier

Tipp
Auch Jungs mögen Freundschaftsbücher, klar! Die Boys-Variante sieht in Neongrün und Neonorange oder in Hellblau und Silber grandios aus. Probier's aus!

5 Lege die Buchseiten mittig in den Buchumschlag.

1 Falte vier Bogen graues Papier jeweils in der Mitte und stecke sie ineinander, sodass du wie in einem Buch darin blättern kannst.

2 Schneide für den Umschlag einen Tonkartonbogen auf 23,5 cm x 33 cm zu und falte ihn in der Mitte. Beklebe deinen Buchumschlag wie es dir gefällt.

3 Auf die vordere Außenseite kommt der Titel „Meine Freunde", den du auf einen Tonpapierrest klebst. Schneide hierzu die passenden Buchstaben aus einer alten Zeitschrift aus.

4 Beklebe die Innenseiten mit Tonpapier. Achte dabei darauf, dass das Papier nicht größer ist als 13 cm x 19,5 cm. Klebe jeweils einen Steckbrief auf eine Doppelseite, hierzu kannst du wieder die Vorlage von Seite 140 farbkopieren oder Buchstaben aus einer alten Zeitschrift ausschneiden.

6 Fädele ein 50 cm Stück Buchbinderzwirn auf eine Nadel und mache einen dicken Knoten ans Ende. Falte das Buch in der Mitte auseinander und beginne damit, den Innenfalz zusammenzunähen: Pike mit der Nadel in die Mitte und ziehe das Garn nach außen durch. Stich dann außen mit etwas Abstand zum Rand ein und ziehe das Garn nach innen durch. Nähe wieder in die Mitte, dann wieder außen und verknote deinen Faden in der Mitte.

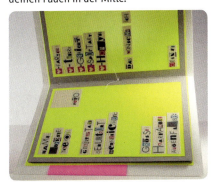

Papier **39**

Die Schatzinsel
Schatzkarte aus hangeschöpftem Papier

Das brauchst du

Schwierigkeit
• • •

- große Schüssel
- Rolle Toilettenpapier
- 2 Tassen schwarzer Kaffee
- Kleister
- Stabmixer
- Schöpfsieb
- Schöpfrahmen
- Schöpfkelle
- Tüll, 40 cm x 40 cm
- Teigrolle
- Schwamm
- Eimer
- 2 Handtücher
- Kuchengitter
- Filzstifte
- Kreide

Tipp
Wenn du keinen Schöpfrahmen hast, kannst du aus einem alten Bilderrahmen selber einen basteln. Mithilfe von Reißzwecken befestigst du ein Stück Tüll oder eine feine Gardine am Rahmen.

Tipp
Verschenke deine Schatzkarte! Verstecke ein Geschenk an einem geeigneten Platz. Zeichne dann eine Karte von der Umgebung. Sie sollte möglichst genau sein und das „X" muss unbedingt an der richtigen Stelle sein. Schon kann die Schatzsuche losgehen!

1 Reiße das Toilettenpapier in kleine Fetzen und fülle sie zusammen mit zwei Tassen schwarzem Kaffee und etwas Kleister in eine Schüssel. Verrühre alles gut und lass das Papier 15 Minuten einweichen.

2 Mithilfe eines Stabmixers zerkleinerst du den Brei zu einer „Pulpe". Lege den Schöpfrahmen auf einen Eimer.

3 Fülle die Pulpe mit einer Kelle in den Schöpfrahmen und lass die Masse abtropfen. Mit dem Schwamm presst du das überschüssige Wasser aus der Papiermasse.

4 Löse die Masse mithilfe eines Messers ein wenig vom Rahmen ab. Lege den Tüll über den Schöpfrahmen. Dann drehst du das Ganze mit einem Schwung um und lässt es auf ein Handtuch gleiten. Klappe den Tüll über das nasse Papier.

5 Das zweite Handtuch legst du über dein Tüllpaket und rollst mit der Teigrolle solange darüber, bis sich das Papier ziemlich trocken anfühlt.

6 Entferne Handtücher und Tüll und lass dein Papier auf einem Kuchengitter trocknen.

7 Dann kannst du mit Filzstiften und Kreide deine Schatzkarte auf das Papier malen.

Ein knallbunter Strauß

Blumen aus Seidenpapier und Hexentreppen

Das brauchst du

Schwierigkeit • • •

* Seidenpapier in Rot, Pink, Gelb und Orange
* Tonpapier in Hell- und Dunkelgrün, A4
* Schaschlikstäbchen, 25 cm lang
* Blumenkreppband in Grün
* Schere
* UHU Bastelkleber

Vorlage Seite 135

1 Falte das Seidenpapier zweimal, so dass du vier Lagen Papier erhältst. Zeichne auf das obere Papier zwei Kreise von 12 cm Durchmesser und schneide sie aus.

2 Lege alle Kreise übereinander und falte sie zweimal mittig. Die Spitze des Tütchens, das du so erhältst, ist die Mitte des Kreises. Schneide diese Spitze ab und falte die Kreise wieder auseinander.

3 Durch das entstandene kleine Loch steckst du das Holzstäbchen als Stiel für deine Blume und klebst ihn von unten und oben fest. Umwickle das Stäbchen anschließend mit dem grünen Kreppklebeband. Reiße die Kreise vom Rand her ein wenig ein und zupfe die einzelnen Blütenkreise in Form.

4 Für die Stiele schneidest du aus hell- und dunkelgrünem Tonpapier je einen Streifen von 12 cm Länge und 5 mm Breite zu. Lege die Streifen in L-Form übereinander und klebe die Enden zusammen. Falte dann immer den oberen über den unteren Streifen bis das Ende erreicht ist. Die Hexentreppe sieht aus wie eine Ziehharmonika.

42 Papier

5 Zeichne Blätter auf das grüne Tonpapier. Schneide sie aus und klebe je eines an das Ende der Hexentreppe. Das andere Ende klebst du an den Stängel und umwickelst das Ganze zur Stabilisierung mit Blumenkreppband.

Tipp
Die Seidenblume sieht natürlicher aus, wenn du die Papierkreise nicht ausschneidest, sondern vorsichtig reißt. Fertige auf die gleiche Weise verschiedene Blumen an, sodass du einen bunten Strauß aus pink- und orangefarbenen, roten und gelben Blumen erhältst. Schon hast du ein tolles Geschenk zum Muttertag!

Glücksternschmuck
Ring, Ohring und Halskette aus Origamisternen

Schwierigkeit ● ● ○

Ring
* Papierstreifen in Mittelblau, 1,5 cm breit und 35 cm lang
* Ringrohling
* UHU Alleskleber Kraft

Ohrringe
* 2 Papierstreifen in Hellgelb, 1,5 cm breit und 35 cm lang
* Rundzange
* 2 Kettelstifte
* 2 Ohrhaken in Silber

Kette
* Papierstreifen in Gelb, Rosa, Lila, Hellblau und Hellgrün, 1,5 cm breit und 35 cm lang
* Rundzange
* Seitenschneider
* Nähnadel
* Schmuckdraht, ø 0,6 mm, 50 cm lang
* 24 Kunststoffperlen in Weiß, ø 1,5 cm
* Kettenverschluss
* 2 Quetschperlen in Silber

Glücksstern

1 Nimm einen Papierstreifen in deiner Lieblingsfarbe und mache vorsichtig in eins der Papierstreifenenden einen Knoten hinein. Schau auch mal auf Seite 32! Ziehe den Knoten langsam zu und drücke ihn flach, sodass ein Fünfeck entsteht. Achte darauf, dass das Fünfeck genau gefaltet ist und an jeder Seite genau mit dem Streifen abschließt.

2 Das kurze Ende des Papierstreifens kannst du unter die oberste Lage des Fünfecks stecken und festdrücken.

3 Den langen Papierstreifen jetzt immer an der Streifenkante des Fünfecks entlang wickeln. Die Kante des Streifens muss immer genau auf der Außenkante des Fünfecks liegen.

4 Wenn nur noch ein kurzes Stück übrig ist, kannst du das Ende wieder unter die oberste Lage stecken, wie unter Schritt 2 beschrieben. Wenn das letzte Stück zu lang sein sollte, kannst du es natürlich auch etwas abschneiden.

5 Jetzt solltest du ein fertig aufgewickeltes Fünfeck vor dir haben.

6 Drücke jetzt mit deinem Fingernagel die Mitte einer der Kanten des Fünfecks nach innen ein. Wiederhole das bei den anderen vier Kanten. Jetzt ist aus deinem platten Fünfeck ein Stern geworden.

Ring

1 Klebe den Stern mithilfe von UHU Alleskleber Kraft auf einen Ringrohling. Lasse das Schmuckstück gründlich trocknen – fertig!

Ohrringe

1 Stich mit einem Kettelstift von unten durch den Stern nach oben durch die Spitze. Dabei sollte dir ein Erwachsener helfen. Biege mit einer Rundzange eine Öse und hänge einen Ohrhaken dran. Schließe dann die Öse und dein erster Ohrring ist fertig. Wiederhole die Schritte für einen zweiten Ohrring.

Halskette

1 Fädle 50 cm Schmuckdraht durch eine Nadel, ziehe 12 Perlen, sechs Sterne und wieder 12 Perlen auf und befestige hinten mit einem Knoten einen Verschluss.

Papier **45**

Ene mene meck und du bist weg!

Faltklassiker „Himmel und Hölle"

Das brauchst du

Schwierigkeit

* Faltpapier, schön gemustert, 20 cm x 20 cm
* ggf. Falzbein
* ggf. Stift

1 Faltschrittbilder findest du auf Seite 32: Falte die rechte obere Ecke auf die linke untere Ecke. Falte nun die beiden Spitzen des entstandenen Dreiecks aufeinander. Streiche die Falzkanten mit dem Daumennagel oder einem Falzbein bei jedem Schritt schön glatt. Öffne die Faltung wieder.

2 Falte nun alle vier Ecken zur Mitte hin, sodass sie sich in der Mitte berühren.

3 Drehe die Faltung um, die Unterseite liegt nun oben, und falte wieder alle vier Ecken zur Mitte hin, sodass sie sich berühren.

4 Falte nun einmal den oberen Rand auf den unteren Rand, und klappe die Faltung anschließend wieder auf, und den rechten Rand auf den linken Rand. Die Faltung wieder aufklappen.

5 Drehe die Faltung jetzt um und greife mit den Fingern in die vier entstandenen Klappen hinein. Dabei kannst du von unten die Papiermitte nach oben drücken, so öffnen sich die Klappen leichter. Fertig ist dein „Himmel und Hölle"-Spiel!

Aktividee

Im Innern der Faltung befinden sich vier Dreiecks-Taschen. Öffne sie und schreibe in jede Tasche entweder „Er liebt mich!" oder „Er liebt mich nicht". – Schon kannst du losorakeln was das Zeug hält.

46 Papier

Lichteffekte
Lampenschirm aus Seidenpapier

Das brauchst du

Schwierigkeit ●●●

- Lampenfassung
- Luftballon, ø 20 cm
- 10 Bögen Seiden- oder Transparentpapier in Weiß, A1
- Seidenpapier in Gelb, Lila, Orange, Blau, Hellgrün und Pink, 50 cm x 70 cm
- Kleister und Wasser (bitte Herstellerangaben beachten)
- Schneebesen und Rührschüssel
- Doppelklebeband in Transparent

1 Beklebe einen aufgeblasenen Luftballon in der Pappmaché-Kaschiertechnik. Benutze hierzu kleine Fetzen weißen Seiden- oder Transparentpapiers und Kleister. Mit diesem Material bleibt dein Lampenschirm durchscheinend.

2 Sobald der Ballon ganz getrocknet ist, schneidest du eine großzügige Öffnung in die Ballondecke.

3 Schneide Dreiecke aus dem bunten Seidenpapier aus und klebe sie mit doppelseitigem Klebeband an den Lampenschirm. Beginne unten, also an der ausgeschnittenen Öffnung.

4 Klebe die Dreiecke Reihe für Reihe auf. Dabei sind die Reihen immer versetzt zueinander angelegt.

5 Befestige eine Lampenfassung an der Oberseite. Dafür musst du das Löchlein, in dem vorher der Luftballonknoten gesteckt hat, etwas vergrößern und die Lampenfassung einschieben. Ein Erwachsener schließt die Lampe an. Mit dieser Lampe schillert dein Kinderzimmer in allen Regenbogenfarben!

Papier **47**

Der Löwe ist los!
Masken kaschieren und modellieren

Das brauchst du

Schwierigkeit ●●●

- 2 Luftballons, ø 30 cm
- Zeitungspapier
- ggf. Toilettenpapier
- Kleister und Wasser (bitte Herstellerangaben beachten)
- Schneebesen und Rührschüssel
- Nadel
- Kreppklebeband
- dünner Haarpinsel
- breiter Borstenpinsel
- Acrylfarbe in Gelb, Orange, Schwarz, Rot, Rosa und Grün
- Klarlack

1 Kaschiere zwei Luftballons mit jeweils mindestens drei Schichten Zeitungspapierschnipseln und Kleister.

2 Sobald die Ballons trocken sind, kannst du Gucklöcher einschneiden. Schneide an der Unterseite ein großes Loch, durch das du deinen Kopf hineinstecken kannst.

3 Verändere die Ballonform mit zusätzlichem Zeitungspapier und Klebeband. Details kannst du auch aus in Kleister eingeweichtem Toilettenpapier modellieren. Der Löwe bekommt Ohren angeklebt, der Löwenbändiger Augenbrauen, einen Schnurrbart und einen Hut. Drücke den Ballon unter den Löwenaugen etwas ein, so sieht die Kopfform löwenähnlicher aus. Beklebe die veränderten Stellen noch einmal mit einer Lage Zeitung und Kleister und lass sie noch einmal trocknen.

4 Bemale die Masken wie auf dem Foto zu sehen: Das Löwenfell wird gelb mit orangefarbenen Schattierungen. Augenränder, Nase, Mund und Schnurrhaare malst du mit schwarzer Acrylfarbe. Das Gesicht des Dompteurs kannst du Hellrosa anmalen, Wangen und Mund werden rot, Schnurrbart, Frisur und Augenbrauen schwarz und der Zylinder grün. Wenn die Farbe getrocknet ist, besprühst du die Masken im Freien mit Klarlack. So, wer möchte der Dompteur sein und wer die wilde Löwin?

Papier 49

Royaler Edel-Thron
mit Pappmaché kaschieren

Das brauchst du

Schwierigkeit
• • •

- Kinderstuhl
- großer Stapel Zeitungspapier
- fester Karton oder Wellpappe, 50 cm x 1 m, 2 x 15 cm x 60 cm
- Packpapierrolle
- 3 Rollen Kreppklebeband
- Kleister und Wasser (bitte Herstellerangaben beachten)
- Schneebesen und Rührschüssel
- Acrylfarbe in Weiß, Gelb, Gold und Rosa
- Klarlack

1 Beginne an den Stuhlbeinen und arbeite dich Stück für Stück weiter nach oben: Umwickle deinen Kinderstuhl mit zerknülltem Zeitungspapier und befestige es gründlich mit viel Kreppklebeband. Dabei kannst du auch neue Formen erfinden.

2 Einige Verfremdungen lassen sich gut mit zusätzlichen Kartonresten durchführen. Hübsch sind beispielsweise Zacken an den Querstreben.

3 Die Sitzfläche wird ebenfalls mit Karton vergrößert. Einfach die gewünschte Form ausschneiden auf die Stuhlfläche drücken und rundherum mit viel Klebeband festkleben.

4 Königliche Armlehnen gehören zu jedem Thron: Sie werden auch aus Karton hinzugefügt: Zwei lange Kartonstücke falten, in der Mitte knicken und an den Stuhlseiten mit Klebeband fixieren.

5 Sobald dein Stuhl rundherum überarbeitet ist, rührst du Kleister an und reißt Zeitungspapier in kleine Stücke. Beklebe den Stuhl mit mindestens drei Lagen Zeitungspapierschnipseln.

50 Papier

> **Tipp**
> Ein Prinzessinnenthron ist meist weiß, rosa und goldgelb – aber ein Thron für einen mächtigen König kannst du auch in Weinrot, Gold oder Dunkelblau gestalten.

6 Nach drei Tagen ist dein Stuhl trocken, du wirst merken, dass er jetzt richtig stabil ist. Jetzt kannst du ihn so bemalen wie du es möchtest.

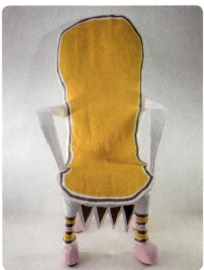

7 Besprühe den Stuhl abschließend im Freien mit Klarlack, sodass die Acrylfarbe nicht mehr auf deine Kleidung abfärbt.

Papier **51**

Basteln mit Modelliermassen

Das solltest du darüber wissen

Unterlage
Gerade farbige Modelliermassen hinterlassen oft eine farbige Spur. Daher ist es wichtig, dass du deinen Arbeitsplatz mit einer Wachstischdecke oder einem Plastiktischset abdeckst, bevor du ans Werk gehst.

Lufttrocknende Modelliermassen
Lufttrocknender Ton, Salzteig und selbstgemachte Knete können an der Luft aushärten. Andere Modelliermassen müssen im Ofen getrocknet werden.

Brennen
Fimo®, Pluffyknete®, Schwimm- und Radierknete müssen im Ofen getrocknet werden. Je nach Material variieren dabei die Herstellerangaben, die eingehalten werden sollten. Salzteig ist ein echter Energiefresser, daher sollte, wenn möglich immer ein ganzer Backofen voll gebrannt werden. Er benötigt insgesamt mindestens vier Stunden. In jeder neuen Stunde sollte die Temperatur erhöht werden: Starte mit 50 °C, erhöhe dann auf 75 °C, 100 °C und ende mit 125 °C. Fertige Stücke klingen hohl. Echter Ton und Porzellan werden in sehr heißen Spezialöfen gebrannt und sind daher für das Basteln zuhause nicht geeignet.

Rezept Salzteig
2 Tassen Mehl, 2 Tassen Salz und 20 EL Wasser miteinander vermischen. Schon kann's losgehen.

54 Modelliermassen

Färben

Selbstgemachte Modelliermassen kann man einfärben, indem man Lebensmittelfarbe beimischt. Für braunen Teig kannst du außerdem Kakao einkneten. Wenn du ein naturfarbenes Objekt geknetet hast, kannst du es auch trocknen lassen und es anschließend mit Acrylfarben bemalen.

Farben mischen

Farbige Modelliermassen kann man so lange miteinander verkneten, bis sich die Farben vermischen. Oder man verzwirbelt sie nur miteinander, sodass ein Marmoreffekt entsteht. Man kann aus langen Strängen ganze Musterwürste legen. Verwende sie scheibchenweise oder zu Kugeln gerollt. So entstehen herrliche Millefiori- oder Schachbrettmuster.

Bemalen

Figuren aus Salzteig oder lufttrocknender Modelliermasse bemalst du am besten mit Acrylfarbe. Du kannst sie nach dem Trocknen der Farbe auch noch mit Klarlack bestreichen, das macht sie haltbarer. Die Gesichter deiner Figuren kannst du nach dem Trocknen und Bemalen mit wasserfestem Filzstift aufmalen.

Werkzeuge

Zum Modellieren benötigst du vor allem geschickte Finger. Manchmal kann aber auch ein Küchenmesser, eine Knoblauchpresse, eine Gabel oder ein Zahnstocher hilfreich sein. Im Bastelladen gibt es aber auch spezielle Modellierwerkzeuge.

Teile zusammensetzen

Fimo®-Teile kannst du einfach zusammendrücken und mit einem Modellierholz die Ränder nacharbeiten. Bei Salzteig feuchtest du die Teile, die du zusammensetzen möchtest, erst leicht mit Wasser an. Größere Teile kannst du auch mit einem Zahnstocherstück verbinden.

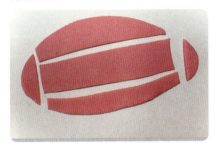

Schablonen

Siehe Seite 9.

Putziger Nussfreund

Eichhörnchen aus Knete

Das brauchst du

Schwierigkeit ●●○

* 2 Stangen Knetmasse in Orange
* Knetrest in Braun und Weiß
* Haselnuss
* Zahnstocher

Tipp
Du kannst die kleinen Nager auch in braun anfertigen. Wähle dann für die Augen z. B. blaue oder grüne Knete! Statt Knetmasse kannst du auch Fimo® verwenden: Wenn du es im Backofen härtest, ist es sehr stabil.

1 Teile beide Knetstangen in je drei gleich große Stücke.

2 Aus dem ersten formst du einen eiförmigen Kopf.

3 Der Bauch besteht aus zwei Knetstücken, er sieht ebenfalls wie ein Ei aus. Befestige den Kopf nun auf dem Bauch.

4 Rolle ein weiteres Stück zu einer dicken Rolle und forme daraus den langen Schwanz des Eichhörnchens, wie du ihn auf dem Bild sehen kannst. Befestige ihn am Körper.

5 Für die Vorderbeine benötigst du die nächste Stange. Schneide sie nochmals in zwei gleich große Teile und modelliere daraus je ein Vorderbein. Fixiere sie am Körper.

6 Das letzte Stück Knete musst du gleich in drei Teile schneiden! Je eines davon wird zum Hinterbein. Du kannst mit einem Zahnstocher kleine Rillen als Krallen eindrücken. Das dritte wird nochmal geteilt und als tropfenförmige Ohren am Kopf des Eichhörnchens befestigt.

7 Aus einer kleinen braunen Knetkugel fertigst du eine Nase an.

8 Ganz kleine braune Kügelchen werden zu Augen und wenn du magst, kannst du noch winzige weiße Kügelchen als Lichtpunkte in die Augen setzen. Der Mund besteht aus einer ganz kleinen dünnen Rolle aus brauner Knete.

9 Die Haselnuss kannst du deinem Eichhörnchen in die Vorderpfoten geben. Drücke diese vorsichtig an der Nuss fest.

Grasgrüner Springfrosch

Flummi aus Hüpfknete

Das brauchst du

Schwierigkeit ●●○

* Hüpfknete in Grün
* 2 Wackelaugen, ø 6 mm
* Zahnstocher

1 Trenne von der Hüpfknete zwei kleine Stücke ab und rolle sie zu Kugeln.

2 Den Rest der Knete formst du zu einem Oval. Drücke die Kugeln auf dem Oval nebeneinander fest.

3 Drücke die Wackelaugen vorsichtig in die kleinen Kugeln hinein und ritze mit einem Zahnstocher den Mund ein. Schon kann der Hüpfspaß beginnen!

Aktividee

Die Frösche springen ziemlich unberechenbar durchs Zimmer, schaffst du es, sie zu fangen? Knete mit deinen Freunden Frösche in verschiedenen Farben. Jeder darf drei Frösche einer Farbe für die anderen Teilnehmer hüpfen lassen. Wer fängt alle gegnerischen Frösche?

Modelliermassen **57**

Tiefseejäger
Haifisch aus Schwimmknete

Das brauchst du

Schwierigkeit • • •

* Schwimmknete in Rot, Blau, Schwarz, Weiß und Rosa
* Modellierholz
* Messer
* Frühstücksbrett

1 Mische zwei Stangen blaue, eine weiße, eine rosafarbene und eine halbe Stange schwarze Schwimmknete, indem du sie kräftig in den Händen durchknetest.

2 Wenn eine gleichmäßige grau-blaue Farbe entstanden ist, trenne ein Viertel davon ab und lege es zur Seite.

3 Forme aus dem großen Teil der Knetmasse zuerst eine Kugel, dann daraus einen länglichen Fischkörper, der nach hinten schmal ausläuft. Aus dem kleineren Teil der Knete formst du Flossen, eine symmetrische Schwanzflosse, eine spitze Rückenflosse und zwei kleine Flossen für die Unterseite.

4 Mithilfe eines Modellierholzes verbindest du die Flossen nacheinander mit dem Haikörper. Dabei streichst du sanft mit dem Modellierholz über die Verbindungsstelle bis der Übergang glatt ist.

5 Nun braucht der Hai noch ein Gesicht. Aus weißer Knete formst du eine kleine Rolle, die in der Mitte dick und an den Enden spitz zuläuft. Drücke sie mit dem Finger auf dem Brettchen platt. Die entstandene Form ähnelt einem Pflanzenblatt. Löse die Knete vorsichtig vom Brettchen und bringe sie als grinsendes Maul an. Mit dem Messer ritzt du die Zähne ein.

6 Aus roter Knete rollst du zwei lange, sehr dünne Schlangen. Diese legst du als Lippen oberhalb und unterhalb der Zähne und drückst sie leicht an.

7 Für die Augen formst du für jede Seite ein Oval aus weißer Knete, drückst es platt und setzt es links und rechts an den Kopf. Forme aus wenig Knete zwei schwarze Kügelchen und drücke sie als Pupillen sanft auf die Augen. Die Kiemen ritzt du mit dem Messer ein.

8 Nun kannst du den Hai in der Badewanne schwimmen lassen – hüpf schnell dazu!

Aktividee

Brauchst du noch eine Spielidee für den nächsten Kindergeburtstag? Bei einem lustigen Angelspiel könnt ihr eure Geschicklichkeit messen. Jeder Gast formt seinen individuellen Fisch aus Schwimmknete. Durch die Rückenflosse schiebt ihr vorsichtig eine Büroklammer. Als Angel dient ein Stock mit einer Schnur. Befestige eine aufgebogene Büroklammer als Angelhaken an ihr. Petri heil! Wer fängt die meisten Fische?

Modelliermassen **59**

Kunterbunte Helfer

Radiergummis in Regenbogenfarben

Das brauchst du

Schwierigkeit
● ● ○

- Radiergummiknete in Blau, Hellblau, Rot, Weiß, Gelb, Orange, Grün und Braun
- Acrylrolle oder altes Nudelholz
- Messer
- Backblech, Backpapier
- Ofen

Regenbogen-Radiergummis

1 Forme aus je 1/4 Stange Knete in Hellblau, Blau, Gelb, Orange, Rot und Grün eine etwa 10 cm lange Rolle.

2 Lege alle sechs Rollen zu einer großen Rolle aneinander und verdrehe sie leicht miteinander.

3 Die neu entstandene dicke Schlange musst du nun noch ein wenig weiter rollen und immer wieder ein wenig drehen, sodass sich die Farben in sich drehen.

4 Schneide die neue Rolle in Stücke und lege sie auf ein mit Backpapier belegtes Backblech. Härte die Knete nach Packungsanleitung unter Aufsicht eines Erwachsenen im Ofen aus.

5 Nach dem Backen kannst du deine Radiergummis ausprobieren!

Blumen-Radiergummis

1 Forme aus je einer halben Stange Knete in Orange und Gelb eine lange dünne Schlange und teile diese in jeweils vier Stücke.

2 1/4 Stange Braun rollst du ebenfalls zu einer Schlange, die genauso lang ist wie die gelben und orangefarbenen.

3 Lege die gelben und orangefarbenen Rollen ganz eng rund um die braune Rolle.

4 Rolle eine Stange Knete in Blau zu einer etwa 2 mm dicken Platte aus. Schneide ein Rechteck daraus, das so lang ist wie die Knetrollen und so breit, dass sie einmal um die Rollen gelegt werden kann. Bitte dabei einen Erwachsenen um Hilfe!

5 Lege das Rechteck um die Kneterollen und verstreiche die Enden mit deinen Fingern.

6 Schneide die Schlange in Stücke und lege diese auf ein mit Backpapier belegtes Backblech. Dein erwachsener Assistent härtet die Knete nach Packungsanleitung im Ofen aus.

Schnecken-Radiergummis

1 Rolle je 1/2 Stange Knete in Hellblau, Rot und Weiß zu einer etwa 2 mm dicken Platte aus.

2 Lege die Platten übereinander und rolle sie eng auf. Schneide die Enden knapp ab und die Rolle anschließend in Stücke.

3 Lege die Stücke auf ein mit Backpapier belegtes Backblech und härte sie gemeinsam mit einem Erwachsenen nach Packungsanleitung im Ofen aus.

60 Modelliermassen

Teatime!

Puppengeschirr aus Salzteig

Das brauchst du

Schwierigkeit
● ● ●

+ Salzteig (siehe Seite 54)
+ Lebensmittelfarbe in Rot
+ Acrylfarbe in Rot, Weiß, Gelb, Hellgrün und Braun
+ Gewürznelke
+ Keksausstecher, ø 5 cm und 6,5 cm

Vorlage Seite 137

1 Bereite den Salzteig nach dem Grundrezept in der allgemeinen Anleitung auf Seite 54 zu. Färbe den Teig anschließend mit der Lebensmittelfarbe ein.

2 Forme aus einem Stück Teig eine ca. 7 cm große Kugel und rolle sie etwa 5 mm dick aus. Nimm einen Keksausstecher mit einem Durchmesser von etwa 5 cm und drücke ihn in den Teig. Diese Scheibe ist der Boden einer Tasse oder einer Zuckerdose.

3 Nun brauchst du ein etwas größeres Teigstück. Rolle auch dieses 0,5 cm dick aus und schneide ein Rechteck daraus, das 17,5 cm x 4 cm groß ist.

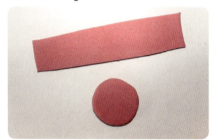

62 Modelliermassen

4 Feuchte den Rand des Kreises mit Wasser an und „klebe" das lange Rechteck rundherum fest. Verstreiche die „Naht" mit deinen Fingern.

5 Für eine Tasse benötigst du natürlich noch einen Henkel! Modelliere dafür eine kleine Teigwurst und befestige sie am Rand der Tasse.

6 Die Zuckerdose braucht noch einen Deckel! Fertige wieder eine kleine Teigplatte an und stich mit dem größeren Keksausstecher einen Kreis aus. Glätte die Ränder mit deinen Fingern und etwas Wasser.

7 Wenn du möchtest, kannst du die Dose noch verzieren. Für den Apfel brauchst du eine etwa 2 cm große Teigkugel. Drücke sie ein wenig flach und fixiere sie auf dem Deckel. Aus ganz kleinen Kügelchen formst du Stiel und Blatt. Eine Gewürznelke kannst du als Blütenansatz verwenden.

8 Lege das ganze Geschirr auf ein mit Backpapier belegtes Backblech und trockne es im Ofen (siehe Seite 54).

9 Bemale dein Geschirr mit Acrylfarben und lass es trocknen.

Tipp
Auch Teller kannst du ganz einfach herstellen: Rolle eine Teigkugel rund zu einer Scheibe aus. Diese Scheibe kannst du zum Backen auf einen „echten" Porzellanteller legen, dann bekommt dein Teller aus Salzteig auch einen erhöhten Rand.

Modelliermassen

Freundlicher Krake

Windspiel aus lufttrocknender Modelliermasse

Das brauchst du

Schwierigkeit • • •

- lufttrocknende Modelliermasse in Weiß
- Acrylfarbe in Gelb, Rot, Schwarz, Weiß, Rosa und Orange
- 15 Muscheln in verschiedenen Formen und Färbungen
- 5 Organzabänder in Hellgrün, 3 mm breit, 70 cm lang
- 5 Perlen in Gelb, Orange, Weiß, Grün und Blau, ø 1 cm
- Zahnstocher
- Dremel

Vorlage Seite 138

Tipp
An die Tentakel kannst du auch kleine Glöckchen hängen, so macht dein Krake richtig viel Musik! Wenn der Krake draußen hängen darf, solltest du wetterfeste Farbe verwenden oder dein Kunstwerk mit Klarlack übersprühen.

1 Schneide von der lufttrocknenden Modelliermasse etwa ein Drittel ab und lege es beiseite. Das große Stück knetest du gut durch und formst daraus eine Kugel.

2 Drücke sie platt und rolle dann daraus ein Oval, das ungefähr 21 cm x 17 cm groß ist. Du kannst dazu auch die Vorlage zu Hilfe nehmen!

3 Von der restlichen Tonmasse nimmst du nun kleinere Stücke für die Augen und den Mund deines Kraken. Für den Mund musst du ein Stück Modelliermasse zu einer dünnen Wurst rollen.

4 Mit einem Zahnstocher kannst du die Löcher für die vier Tentakel bohren und auch eines für das Aufhängeband. Nun muss dein Kunstwerk zwei Tage trocknen.

5 Bemale deinen Kraken ganz so, wie es dir gefällt: Du könntest z. B. als Grundfarbe deine Lieblingsfarbe verwenden! Male auf jeden Fall erst das Gesicht gelb an und lass es trocknen. Dann kommen Mund und Augen dran. Zum Schluss kannst du noch weiße Lichtpunkte in den Augen und rosa Wangen ergänzen.

6 Lass dir von einem Erwachsenen mithilfe eines Dremels in jede Muschel ein Loch bohren, durch das du das grüne Band fädeln kannst. Knote die Muscheln und Perlen abwechselnd an den Bändern fest.

7 Binde jeden Tentakel am Kraken fest. Ergänze nun noch das Aufhängeband. Suche dem freundlichen Tintenfisch einen schönen Platz auf dem Balkon oder an einem Ast. Wenn der Wind die Tentakel anstubst, klimpert der Krake!

Aktividee
Sammle doch die tollen Muscheln und Schnecken im nächsten Urlaub am Strand. Denke aber daran, sie von deinen Eltern ansehen zu lassen, denn nicht alle Muscheln dürfen durch den deutschen Zoll.

Modelliermassen 65

Schicker Gruselschmuck

mit Totenkopf aus nachtleuchtendem Fimo®

Das brauchst du

Schwierigkeit ●●●

- 13 g nachtleuchtendes Fimo® (etwa 1/4 Päckchen)
- Modellierstäbchen
- Acrylfarbe in Schwarz
- Rundpinsel, sehr fein
- Backpapier, Backblech
- Ofen
- Einmalhandschuhe

Haarklammer
- Haarklammer
- UHU Alleskleber Kraft
- Kunstblüte in Rosa, ø 10 cm

Armband
- Zahnstocher
- Baumwollband in Schwarz, 1 m lang

Tipp
Verwende zum Kneten am besten Einmalhandschuhe, um Schmutz und Fingerabdrücke im hellen Fimo® zu vermeiden.

1 Trenne so viel Fimo® von dem Fimo®-Block ab, wie dein Totenkopf groß werden soll und knete es gut durch, bis du es gut formen kannst.

2 Forme zunächst mit deinen Händen eine Kugel und drücke sie auf deiner Arbeitsfläche etwas platt.

3 Forme nun eine kleine Vertiefung für die Augenhöhlen. Entweder mit einem Modellierstab oder einem deiner Finger. Wenn du ein Armband machen möchtest, musst du noch vorsichtig mit einem Zahnstocher ein Loch in den Totenkopf stechen, durch das du später das Baumwollband hindurchfädeln kannst.

4 Abschließend wird der Totenkopf nach Herstelleranweisung im Backofen gehärtet. Dazu brauchst du die Hilfe eines erwachsenen Assistenten.

5 Nachdem das Fimo® ausgekühlt ist, kannst du mit schwarzer Acrylfarbe die Augenhöhlen, die Nasenlöcher und den Mund bemalen. Fertig ist der Totenkopf.

Armband

1 Fädle das Baumwollband durch das Loch und mache vor und hinter dem Totenkopf einen Knoten. Jetzt kannst du einfach das Baumwollband um dein Handgelenk knoten. Oder du nimmst ein weiteres Baumwollband dazu, verknotest die Bänder mehrfach direkt am Totenkopf, damit das Armband dicker wird und bindest es dir dann um.

Haarklammer

1 Mit dem Klebstoff klebst du die Blüte auf die Haarklammer und den Totenkopf in die Blüte. Über Nacht alles trocknen lassen und fertig ist deine neue Haarklammer.

Aus der Bahn!
kunterbunte Fahrradklingel-Deko aus FIMO®

Das brauchst du

Schwierigkeit • • •

- UHU Alleskleber Kraft
- Backblech, Backpapier
- Ofen
- Fahrradglocke in Silber

Alien
- Fimo® in Windsorblau, Apfelgrün, Mandarine, Sonnengelb und Pfefferminz
- Acrylfarbe in Türkis und Gelb
- Rundholzreste, ø 4 mm und ø 2 mm
- Glitzerkleber, irisierend
- Aludraht in Silber, ø 1 mm, 5 cm lang

Pilz
- Fimo® in Apfelgrün, Smaragd, Weiß, Indischrot und Sonnengelb
- Acrylfarbe in Weiß und Rot
- Rundholzrest, ø 4 mm

Marienkäfer
- Fimo® in Himbeere, Schwarz, Weiß und Smaragd
- Acrylfarbe in Hellgrün und Grün
- Lackmalstift in Weiß und Schwarz

Vorlagen Seite 135

Alien

1 Forme aus 1/2 Rippe Apfelgrün einen ovalen Kopf. Die Hände modellierst du aus je 1/4 Rippe Apfelgrün.

2 Rolle 1/2 Rippe Windsorblau zu einer Kugel und welle sie dann rund zu einer Scheibe von 3,5 cm Durchmesser aus.

3 Für die Umrandung musst du je 1/4 Rippe Windsorblau und Pfefferminz zu dünnen Schlangen rollen und miteinander verdrehen. Lege sie rund um den Kreis und drücke sie vorsichtig fest.

4 Der Alien braucht noch eine Nase aus einer kleinen Kugel in Mandarine. Stich außerdem mit einem Zahnstocher ein kleines Loch in den Alienkopf, in das du später die Antenne stecken kannst.

5 Modelliere für die Antenne noch eine kleine gelbe Kugel, die du ebenfalls mit einem Loch versiehst.

6 Setze den Alien auf die blaue Scheibe und drücke ihn vorsichtig fest.

7 Lege alles auf ein mit Backpapier belegtes Backblech und härte dein Kunstwerk nach Packungsanleitung im Ofen, dabei hilft dir ein erwachsener Assistent.

8 In der Zwischenzeit kannst du die Glocke mit Acrylfarbe und Glitzerkleber bemalen. Alles muss anschließend gut trocknen!

9 Klebe nun den Alien auf die Glocke.

10 Wickle das Drahtstück um einen Zahnstocher, sodass eine Spirale entsteht. Klebe sie als Antenne zusammen mit der gelben Kugel am Außerirdischen fest.

Pilz

1 Rolle ½ Rippe Apfelgrün zu einer Kugel und welle sie dann kreisförmig zu einer Scheibe von 3,5 cm Durchmesser aus.

2 Für die Umrandung musst du je 1/4 Rippe Apfelgrün und Smaragd zu dünnen Schlangen rollen und miteinander verdrehen. Lege sie rund um die Scheibe und drücke sie vorsichtig fest.

3 Forme aus 1/4 Rippe Weiß einen birnenförmigen Pilzstiel. Die Kappe besteht aus 1/3 Rippe Indischrot. Zunächst musst du diese zu einer Kugel formen und sie dann unten platt drücken. An der Oberseite ziehst du sie vorsichtig in die Länge und knickst sie ein wenig zur Seite. Verziere den Pilz noch mit einigen winzigen weißen Kügelchen.

4 Drücke die Pilzkappe auf den Stiel und befestige beides auf der grünen Scheibe.

68 Modelliermassen

5 Lege nun die vorher hergestellte grüne Rolle um den Pilzstiel.

6 Wenn du möchtest, kannst du die „Wiese" noch mit kleinen weißen Kügelchen verzieren, die du noch mit winzigen gelben Kügelchen ausschmücken kannst.

7 Lege den Pilz auf ein mit Backpapier belegtes Backblech und härte ihn im Ofen nach Packungsanleitung aus, dabei hilft dir wieder ein erwachsener Assistent.

8 Inzwischen kannst du mit dem Rundholzstab weiße Punkte auf die Glocke tupfen und gut trocknen lassen.

9 Klebe den Glückspilz auf die Glocke.

Marienkäfer

1 Forme aus 1/3 Rippe Himbeere einen ovalen Marienkäferkörper.

2 Für den kugelförmigen Kopf benötigst du 1/4 Rippe Schwarz. Darauf kannst du winzige weiße Kügelchen als Augen setzen. Drücke ihn am Körper fest.

3 Aus kleinen schwarzen Kügelchen kannst du die Punkte modellieren. Mit einer dünnen schwarzen Rolle zeichnest du die Flügel ab.

4 Rolle eine Rippe Smaragd zu einer 0,5 cm dicken Scheibe aus und übertrage die Vorlage des Kleeblatts darauf. Schneide es mit einem Messer oder Modellierholz aus und glätte mit deinen Fingern die Ränder. Mit einem Zahnstocher kannst du noch Blattadern einritzen.

5 Setze den Käfer auf das Kleeblatt und härte den Glücksbringer im Ofen nach Packungsanleitung und mit der Hilfe eines erwachsenen Assistenten aus.

6 Inzwischen kannst du die Glocke hellgrün bemalen. Nach dem Trocknen kannst, du wenn du magst, noch kleine grüne Kleeblätter es aufmalen.

7 Male dem Käfer nach dem Abkühlen noch schwarze Pupillen in die Augen.

8 Klebe dein Kunstwerk auf die Klingel.

Süße Liebeserklärung
Jahrmarktherzen aus Salzteig

Das brauchst du

Schwierigkeit ● ● ●

* Salzteig (siehe Seite 54)
* Acrylfarbe in Braun, Weiß, Hellblau, Gelb, Rosa, Pink, Rot und Hellgrün
* Karoband in Rot oder Hellgrün, 0,4 cm breit, je 50 cm lang
* Backblech, Backpapier
* Ofen
* ggf. Lackmalstift in Weiß

Vorlage Seite 139

Tipp
Das Bemalen ist nicht ganz einfach. Du kannst deshalb den Salzteig auch vor dem Modellieren einfärben. Mische dazu kleinere Teigmengen mit etwas Lebensmittelfarbe. Braunen Teig erhältst du, wenn du Kakaopulver einknetest.

1 Bereite den Salzteig nach dem Grundrezept in der allgemeinen Anleitung auf Seite 54 zu. Rolle den Teig anschließend 1 cm dick aus und schneide mithilfe der Vorlage Herzen aus. Glätte die Ränder und bohre mit einem Zahnstocher zwei Löcher für das Band. Lege die Herzen auf ein mit Backpapier belegtes Backblech.

2 Rolle aus einem Stück Teig eine dünne Wurst und lege diese wellenförmig auf das Herz. Das ist der Zuckerguss!

3 Auf große Herzen kannst du entweder mit dünnen Teigwürstchen etwas schreiben, oder die Schrift nach dem Bemalen mit Lackmalstift aufbringen.

4 Die Blümchen modellierst du ganz einfach aus kleinen Teigkügelchen. Sie sollten etwa 1 cm Durchmesser haben. Drücke sie mit dem Ende eines Zahnstochers an der Seite ein. Lege fünf Kügelchen im Kreis aneinander. Eine sechste Kugel bildet die Blütenmitte und verbindet die Blütenblätter miteinander.

5 Blätter erhältst du, wenn du eine Kugel mandelform flachgedrückt. Drücke mit einem Zahnstocher Blattadern ein.

6 Trockne deine Herzen im Backofen, dabei hilft dir dein erwachsener Assistent.

7 Zum Schluss kannst du deine Lebkuchenherzen schön bemalen. Nach dem Trocknen musst du nur noch ein Karoband durchfädeln!

70 Modelliermassen

Für Naschkatzen!
buntes Gebäck aus Essknete

Das brauchst du

Schwierigkeit ●○○

* Essknete in Rot, Gelb und Blau
* Keksausstecher in Herzform in drei verschiedenen Größen
* Keksausstecher, rund, ø 5 cm
* bunte Zuckerstreusel
* Backblech, Backpapier
* Ofen

1 Rolle die Knete etwa 5 mm dick aus. Nun kannst du verschiedene Herzen und Kreise ausstechen. Wenn du gelbe und blaue Essknete mischst, erhälst du grüne Knete.

2 Füge die Kekse zusammen, wie es dir gefällt – du kannst z. B. Farben, die sehr schön zusammenpassen aufeinander stapeln – und lege sie auf ein mit Backpapier belegtes Backblech.

3 Aus den Kneteresten kannst du Cookies backen: Forme 4 cm große Kugeln und drücke sie ein wenig flach. Verziere sie mit kleinen bunten Knetkügelchen.

4 Wenn du magst, kannst du vor dem Backen noch bunte Zuckerstreusel auf deinen Keksen verteilen.

5 Nach Packungsanleitung backen, dabei brauchst du einen erwachsenen Assistenten, und abkühlen lassen. Der Kaffeeklatsch mit Plätzchen kann beginnen!

Tipp
Wenn du bunte Lollies haben möchtest, musst du nur halbierte Schaschlikstäbchen oder Eisstiele in die Kekse stecken, bevor sie in den Backofen kommen.

Modelliermassen 71

Basteln mit Textilien

Das solltest du darüber wissen

Nähen

Heftstich

Stelle dir eine Linie vor. Auf dieser Linie stichst du aus und ein Stückchen weiter wieder ein. Wiederhole diesen Vorgang in gleichmäßigen Abständen.

Saumstich

Stich mit deiner Nadel von unten nach oben durch, führe Nadel und Faden wieder nach unten und steche seitlich versetzt wieder nach oben durch.

Schneiden

Stoff kann man oft gut reißen, verwende zum Schneiden eine spezielle Stoffschere. Mit einer Zickzackschere geschnitten, franst Stoff nicht so schnell aus.

Schablonen

Siehe Seite 9.

Kleben

Textilkleber ersetzt bei ersten Modellen das Heften oder Nähen. Besonders empfehlenswert ist UHU creativ für Bänder.

Fingerhäkeln

1 Klemme das Band zwischen deinen Mittel- und Ringfinger und führe das Band zwischen deinem Ringfinger und deinem kleinen Finger wieder nach vorne. Führe nun das Band um deinen kleinen Finger nach hinten, zwischen deinem kleinen Finger und deinem Ringfinger wieder nach vorne und um deinen Ringfinger wieder nach hinten.

2 Nun nimmst du das Band und wickelst es einmal komplett um deinen Ringfinger und deinen kleinen Finger, sodass du wieder hinter dem Ring- und Mittelfinger ankommst.

3 Fange bei deinem kleinen Finger an. Schiebe das fest um deinen Finger gewickelte Band über das lose über deinem Finger liegende Band hinter deinen Finger. Wiederhole dies nun bei deinem Ringfinger.

4 Wickle das Band ein weiteres Mal um beide Finger, sodass es wieder zwischen deinem Ring- und Mittelfinger hinten liegt.

Filzen

Nadelfilzen

Lege trockene Filzwolle auf eine Schaumstoffunterlage und bearbeite sie vorsichtig mit einer Filznadel. Durch das Nadelpiken werden die Haare miteinander verfilzt und sehr fest. Wenn du die Wolle beispielsweise in ein Backförmchen stopfst, hast du ganz schnell eine hübsche Form. Löse die Filzwolle immer wieder von der Unterlage und wende sie. Arbeite langsam und konzentriert, damit du dich nicht stichst.

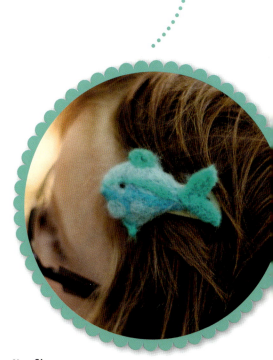

Nassfilzen

Filzwolle kann man mit warmem Seifenwasser zu einem stabilen Gewebe verfilzen. Lege dazu trockene Wollflocken dachziegelartig aufeinander. Besprühe die Wollfläche mit warmem Seifenwasser. Reibe sie erst sanft dann immer fester. Ist dein Filzobjekt so, wie du es dir vorstellst, dann walkst du es noch: Du legst es in ein Handtuch und knetest es so hart du kannst. Dabei schrumpft es etwas. Dann wäschst du die Seifenlauge heraus und lässt deine Filzkunst trocknen.

Textilien 75

Für Schlüsselkinder

Schlüsselanhänger aus Bastelfilz

Das brauchst du

Schwierigkeit

* Bastelfilz in Pink oder Dunkelblau, je 10 cm breit, 20 cm lang
* Webband, mit Eis oder Lokomotive, 1 cm breit, 20 cm lang
* Schere
* UHU creativ für Bänder
* breites Lineal
* Bleistift
* Öse, ø 5 mm
* Ösenzange
* Spiralöse für Schlüssel

1 Lege das Lineal auf den Filz, direkt an die lange Kante und zeichne mit weichem Bleistift einen Strich entlang des Lineals. Achte darauf, dass dein Lineal breiter ist als dein Webband.

2 Schneide nun mit der Schere auf der Linie entlang und du bekommst einen langen Filzstreifen.

3 Schneide ein Stück von dem Webband ab, das so lang ist wie dein Filzstreifen.

4 Klebe das Webband mithilfe von Textilkleber mittig auf den Filz. Wenn an den Enden etwas übersteht, kannst du es einfach abschneiden.

5 Wenn das Webband richtig klebt, falte dein Filzband mit dem Webband darauf einmal der Länge nach in der Mitte zusammen.

6 Pike nun mit der Schere oben in die Mitte der beiden Bänder ein Loch. Lass dir von einem Erwachsenen dabei helfen.

7 Nehme eine der Ösen, stecke sie durch das Loch hindurch und drücke sie mithilfe der Ösenzange fest. Dafür brauchst du etwas Kraft, vielleicht bittest du deinen erwachsenen Assistenten um Hilfe.

8 Nun kannst du deinen Schlüsselanhänger mit einer Spiralöse an deinem Schlüssel befestigen. Wow!

Aktividee
Die tollen Schlüssenanhänger eignen sich vorzüglich als Bastelaktion für deinen nächsten Kindergeburtstag. Sorge für spannende Webbänder mit Fußbällen, Krönchen oder wilden Tieren.

Märchenhafter Haarschmuck

Spängchen und Haarreif, nadelgefilzt

Das brauchst du

Schwierigkeit
• • •

* Ausstechförmchen, Blume und Fisch
* Merinokammzug in Rosa, Lila, Pink, Hellblau und Türkis
* Haarreif
* 3 Haarspängchen
* UHU creativ für Bänder
* Schaumstoff, A4, 5 cm stark
* Filznadeln, mittel und fein

78 Textilien

> **Tipp**
> Mit derselben Technik kannst du auch eine schöne Brosche nadelfilzen. Filze doch für den Advent einen kleinen Lebkuchenmann oder zum Muttertag ein rotes Herz. Mit Textilkleber kannst du eine Broschennadel befestigen – und schon bist du für jeden Anlass perfekt gestylt!

1 Zupfe vom Wollvlies ein kleines Büschel ab und verteile es gleichmäßig in einem Ausstechförmchen. Lege das Förmchen auf den Schaumstoff und stich zuerst mit der mittleren, später mit der feinen Filznadel immer wieder dicht nebeneinander durch die Wolle.

2 Die Filznadeln sind aus Stahl und haben winzige Widerhaken an der Spitze. Durch das Einstechen verhaken sich die feinen Schuppen der Wolle ineinander. Löse nach kurzer Zeit die leicht verfilzte Fläche vom Schaumstoff und wende sie.

3 Drücke sie wieder in das Ausstechförmchen und bearbeite die andere Seite. Die Fläche wird immer wieder umgedreht bis ein fester Filz entstanden ist.

4 Rolle zwischen Daumen und Zeigefinger ein Bällchen aus Wolle und setze es in die Mitte der Blüte. Stich erneut mit der Nadel durch die Wollschichten und fixiere so die verschiedenen Blütenteile. Nach einiger Zeit sind die Blütenteile fest miteinander verbunden. Filze so mehrere Blüten in verschiedenen Farben.

5 Trenne einen dünnen Strang vom lilafarbenen Wollvlies ab und umwickele den Haarreif gleichmäßig. Mit ein wenig Textilkleber fixierst du Anfang und Ende des Wollstranges.

6 Zum Schluss klebst du die kleinen Filzblüten mit Textilkleber auf den Haarreif und auf die einzelnen Haarspängchen. So erhältst du deinen ganz individuellen Haarschmuck.

Monstermäßiger Jonglierspaß
nassgefilzte Wurfbälle

Das brauchst du

Schwierigkeit ● ● ●

- Wollvlies in Grün-, Rot- und Blaumeliert
- 2 große Schüsseln
- heißes Wasser
- Seife
- Alufolie
- Noppenfolie, 1 m x 1 m
- 3 Steine
- Tüll, 50 cm x 50 cm
- Haushaltsgummi
- Nagelschere
- Wackelaugen, ø 6 mm, 8 mm, 10 mm und 12 mm
- UHU Textil
- Chenilledraht in Blau
- Bastelfilz in Weiß und Pink

1 Bereite zuerst deinen Arbeitsplatz vor. Lege eine Noppenfolie als Unterlage aus. Zupfe vom Wollvlies einen 10 cm langen Strang ab und zerteile ihn in mehrere dünne Büschel. Wickle jeden bis zur Hälfte fest in Alufolie ein. Der untere Teil sollte frei bleiben.

2 Zupfe dann einen längeren Strang vom Wollvlies ab und umwickle einen runden Stein mit der Wolle in alle Richtungen, als würdest du ein Wollknäuel aufwickeln.

3 Lege dann die Büschel mit dem freigebliebenen Ende um die Kugel herum. Damit sich nichts verformt, umwickelst du das Wollknäuel mit Tüll und verschließt es mit einem Gummiring.

4 Nun kannst du mit dem Filzen beginnen! Tauche die Kugel in das warme Wasser und reibe sie rundherum leicht mit Seife ein. Drücke das überschüssige Wasser leicht aus.

5 Lege dann beide Hände locker um das Wollknäuel und rolle es zwischen beiden Händen mit sanftem Druck. Tauche die Kugel hin und wieder in die warme Seifenlauge.

> **Tipp**
> Zum Trocknen kannst du die Filzbälle auch für 30 Minuten durch den Wäschetrockner laufen lassen.

Textilien **81**

> **Tipp**
> Durch das Gewicht des Steins liegt der Ball gut in der Hand und kann prima zum Jonglieren verwendet werden. Da er rundum mit viel Wolle gepolstert wurde, herrscht keine Verletzungsgefahr.

6 Wenn du merkst, dass die Oberfläche fest geschlossen ist, kannst du die Kugel walken. Dafür wird sie mit immer größerem Druck fest auf der Noppenfolie hin- und her gewalzt.

7 Du fühlst, dass die Kugel fester wird und schrumpft. Wasche die Kugel nach dem Walken gründlich mit kaltem Wasser aus. Den Tüll kannst du dafür entfernen, ebenso die Alufolie.

8 Die Strähnen haben sich beim Filzen mit der Wollkugel verbunden. Zupfe die Strähnen in Form und lass den Filzball gut trocknen. Mit einer feinen Nagelschere schneidest du eine lange Spalte als Mund in die oberen Wollschichten.

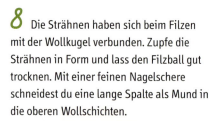

9 Unterschiedlich große Wackelaugen, dazu spitze Zähne aus weißem Bastelfilz und gezackte Münder aus pinkfarbenem Bastelfilz verleihen den Filzbällen ein monstermäßiges Aussehen. Fixiere sie mit Textilkleber.

> **Tipp**
> Mit einem Hauch Haarspray fixierst du die Strähnen der Monsterbälle, so dass die „Frisur" auch nach dem Jonglieren noch in Form bleibt.

82 Textilien

Kuschelige Springspinnen
aus Pompons gemacht

Das brauchst du

Schwierigkeit ● ● ○

* feste Pappe, A5
* Wolle in Schwarz oder Magenta
* 2 ovale Wackelaugen, 2 cm lang
* Chenilledraht in Blau oder Gelb
* Pompon in Gelb oder Hellgrün, ø 2,5 cm
* Gummiband in Weiß, 30 cm lang

Vorlage Seite 134

1 Zeichne die Vorlage für den Pomponring zweimal auf die Pappe und schneide sie aus.

2 Lege die Ringe genau aufeinander und umwickle sie so lange mit der Wolle, bis der Pompon richtig dick geworden ist. Schneide dazu immer ein langes Stück Wolle ab, wickle es auf und nimm dann das nächste Stück.

3 Schiebe die Scherenspitze zwischen die Pappringe und schneide die Wolle rundherum auf. Nimm einen langen Wollfaden und lege ihn zwischen die Scheiben. Ziehe ihn fest zusammen und verknote ihn.

4 Zerreiße die Pappscheiben und nimm sie aus dem Pompon heraus.

5 Falls rund um den Pompon zu lange Fäden herausschauen, kannst du sie abschneiden, damit er richtig rund aussieht!

6 Klebe nun die Augen und die Nase auf.

7 Schneide den Chenilledraht in acht gleich große Stücke und knicke sie ein wenig um. Diese Beine klebst du an der Unterseite in den Pompon.

8 Binde nun noch einen Gummifaden an die Spinne und los geht der Springspaß! Wen erschreckst du als erstes?

Textilien 83

Willkommen im Zauberwald!

Fee aus Märchenwolle

Das brauchst du

Schwierigkeit ● ● ●

* Märchenwolle in Weiß, Lila, Blau, Pink, Hautfarbe und Hellgelb
* Chenilledraht, 18 cm lang
* Wattekugel, ø 2,5 cm
* UHU creativ für Bänder
* 8 Glitzerblumen in Lilatönen, ø 7 mm
* Nadel, Faden

1 Zupfe einen 30 cm langen, hautfarbenen Wollstrang aus dem Vlies und teile ein Viertel davon ab. Diesen bindest du in der Mitte mit ein paar Wollfasern zusammen. Lege die Wattekugel darauf, verteile die Wolle gleichmäßig um die Kugel herum und umwickle den Hals mehrmals mit einigen Wollfasern.

2 Achte darauf, dass die Gesichtsseite schön glatt und ohne Falten ist. Die Abbindestelle sollte genau am Scheitel liegen. Schlinge einen Chenilledraht für die Arme um den Hals und ziehe ihn fest. Die Arme müssen gleich lang sein.

3 Umwickle die Händchen mit einem dünnen Strang hautfarbener Wolle. Für Arme und Oberkörper wickelst du einen längeren dünnen Strang weißer Wolle gleichmäßig um den Pfeifenputzer bis zur Schulter, dann kreuzweise um den Oberkörper. Der Körper ist nun fertig – jetzt bekommt die Fee noch ihr Kleid.

4 Nimm dazu einen 30 cm lange Wollstrang in Lila und ziehe mit den Fingern vorsichtig eine Öffnung in der Mitte des Stranges, durch den du den Kopf der Fee steckst.

5 Ziehe das Wollkleid straff nach unten. Binde mit einem dünnen Wollstrang die Taille ab. Aus pinkfarbener Wolle wickelst du einen Gürtel, Arm- und Halsbündchen.

Aktividee

Die Fee kann auch zu deiner persönlichen Zahnfee werden. Statt der Blumen sollte sie in diesem Fall ein kleines Körbchen am Arm tragen. Hänge die Fee neben deinem Bett auf. Wenn dir wieder ein Milchzahn ausgefallen ist, legst du ihn vor dem Schlafengehen in das Körbchen. Am nächsten Morgen findest du dort sicherlich eine kleine Überraschung…

Textilien 85

Tipp
Na, auf den Geschmack gekommen? Dann bastle doch zusätzlich noch drei weitere Feen: Eine in Grüntönen für den Sommer, eine in Orangetönen für den Herbst und eine weiß-silberne Winterfee. Die Blütenfee steht dann für den Frühling.

6 Für die Frisur legst du einen hellgelben Wollstrang locker um den Kopf der Fee. Klebe die Haare an der Stirn, den Schläfen und dem Hinterkopf fest. Teile einen weiteren hellgelben Wollstrang von 15 cm Länge in drei Teile und flicht daraus einen Zopf.

7 Wickle diesen als Kranz locker um den Kopf und drehe die Enden am Hinterkopf zusammen.

8 Mit ein paar Glitzerblümchen werden Kleid und Haare der Fee geschmückt. Klebe sie mit Textilkleber fest.

9 Für die Flügel zupfst du ein 20 cm großes weißes Wollstück ab. Breite es luftig auseinander. Zwirble zwischen Daumen und Zeigefinger beidseitig drei Spitzen als Flügelenden. Je drei Wollfäden in Lila und Pink verleihen den Flügeln etwas Farbe. Raffe die Wolle in der Mitte zusammen und binde sie mit wenigen weißen Fasern locker zusammen.

10 Klebe die Feenflügel auf dem Rücken der Figur mithilfe von Textilkleber fest.

11 Damit die Fee zur Blumenfee wird, filzt du für sie ein paar Blümchen, wie auf Seite 78 beschrieben, steckst sie auf Draht und fixierst sie an der Feenhand.

86 Textilien

Beste Freundinnen

fingergehäkeltes Armband

Das brauchst du

Schwierigkeit
• • •

* Jerseyband in Pink, 2 m lang
* Schere
* Schleifencharm in Silber

1 Klemme das Band zwischen deinen Mittel- und Ringfinger (lasse dabei ein kleines Stück nach vorne hängen, das lange Stück nach hinten) und führe das Band zwischen deinem Ringfinger und deinem kleinen Finger wieder nach vorne.

2 Führe nun das Band um deinen kleinen Finger nach hinten, zwischen deinem kleinen Finger und deinem Ringfinger wieder nach vorne und um deinen Ringfinger herum wieder nach hinten.

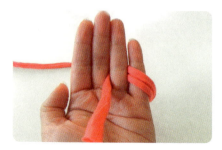

3 Nun nimmst du das Band und wickelst es einmal komplett um deinen Ringfinger und deinen kleinen Finger, sodass du wieder hinter dem Ring- und Mittelfinger ankommst. Jetzt fängt das eigentliche Häkeln an!

4 Fange bei deinem kleinen Finger an. Schiebe das fest um deinen Finger gewickelte Band über das lose über deinem Finger liegende Band hinter deinen Finger. Wiederhole dies nun bei deinem Ringfinger.

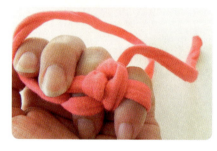

5 Wickle das Band ein weiteres Mal um beide Finger, sodass es wieder zwischen deinem Ring- und Mittelfinger liegt.

6 Wiederhole Schritt 4 und 5 so lange, bis das Band lang genug ist, damit es um dein Handgelenk passt. Zwischendurch kannst du das schon fertig gehäkelte Band hinter deinen Fingern immer mal wieder festziehen.

7 Wenn das Armband lang genug ist, nimmst du es vorsichtig von deinen Fingern, schneidest das Band nach 10 cm ab und ziehst es durch die beiden Schlaufen, die um deine Finger gewickelt waren. Alles gut festziehen. Die beiden Enden können nun verknotet werden und fertig ist das Armband! Wenn du möchtest, kannst du noch einen Anhänger am Armband befestigen. Mach deiner besten Freundin auch so ein tolles Band. Schon könnt ihr im Partnerlook auftreten.

Textilien **89**

Springseil-Power!
Fingergehäkeltes Hüpfseil

Das brauchst du

Schwierigkeit ● ● ●

+ Chenillegarn in Schwarz und Weiß, 3 m lang
+ 2 Stücke Installationsrohr, 15 cm lang
+ UHU Alleskleber Kraft

1 Fingerhäkeln kann man auch mit zwei Garnen: Für die Anfangsschlinge legst du die schwarze Wolle zu einer Schlaufe und ziehst den Faden durch diese hindurch.

2 Wenn du an dem zum Knäuel gehenden Faden ziehst, zieht sich die Schlaufe zusammen. Mache mit dem weißen Garn einen Knoten unterhalb der schwarzen Schlinge – jetzt kannst du mit dem Häkeln beginnen.

3 Lege die Schlaufe über deinen rechten Zeigefinger. Hol den weißen Faden mit dem linken Zeigefinger durch die Schlaufe. Lass die schwarze Schlaufe vom rechten Zeigefinger gleiten und ziehe solange am schwarzen Faden bis sich die schwarze Schlaufe als Knoten locker um den weißen Faden legt.

4 Jetzt das Gleiche anders herum. Den weißen Faden über den linken Zeigefinger gelegt, hol den schwarzen Faden durch die Schlaufe. Lass den weißen Faden vom Finger gleiten und ziehe die weiße Schlaufe zum Knoten zusammen.

5 Häkle so, immer abwechselnd, bis deine Schnur etwa 1,5 m lang ist. Stell dich auf das Springseil. Seine Enden sollten bis zu deiner Hüfte reichen! Wenn deine Schnur lang genug ist, schneide die Fäden ab und verknote sie.

6 Ziehe die Enden der Häkelschnur durch die Rohrstücke und klebe sie fest. Das sind nun die Handgriffe. Umwickle den einen mit schwarzer, den anderen mit weißer Wolle. Fixiere Anfang und Ende der Wolle mit etwas Kleber.

Textilien **91**

Ich hab dich sooo lieb!
Stempeldruck-Stofftier

Das brauchst du

Schwierigkeit ●●●

- Blatt Papier, A4 und A5
- Moosgummi, 2 mm stark, A5
- Filzstift
- Schere
- Baumwollstoff in Natur, 20 cm x 40 cm
- stabiler Papprest
- UHU Alleskleber Kraft
- Borstenpinsel
- Textilfarben in Rot oder Gold
- Stickgarn in Rot oder Gold
- Bügeleisen
- Nadel
- Füllwatte

Vorlage Seite 138

Tipp
Die Vorlage kannst du mithilfe von Kohlepapier auch direkt auf das Moosgummi übertragen. Lege das Kohlepapier auf das Moosgummi und die Vorlagenseite darauf. Fahre die Vorzeichnung mit einem Kugelschreiber nach. Fertig!

1 Übertrage die Eichhörnchen-Vorlage aus dem Anhang auf ein kleines Blatt Papier und schneide es aus. Mit Hilfe dieser Schablone zeichnest du das Eichhörnchen wiederum auf das Moosgummi. Schneide die Moosgummi-Schablone aus und klebe sie auf ein stabiles Stück Karton. Fertig ist dein Stempel!

2 Falte ein gewaschenes und gebügeltes Stück Stoff in der Mitte und lege ein Blatt Papier dazwischen. Bestreiche deinen selbst gebastelten Moosgummi-Stempel mit Textilfarbe und drücke ihn auf den Stoff.

3 Ein erwachsener Assistent bügelt den Eichhörnchen-Druck sobald er trocken ist, um ihn so zu fixieren.

4 Schneide das Eichhörnchen großzügig mit viel weißem Rand aus. Da dein Stoff doppelt liegt, erhältst du zwei Eichhörnchen. Wende beide Teile, sodass das gedruckte Eichhörnchen innen liegt.

5 Nähe die beiden Stoffteile rundherum mit einem Saumstich zusammen. Lass unten eine 7 cm große Öffnung. Der Saumstich wird auf Seite 74 noch einmal erklärt.

6 Wende den Stoff, in dem du alles vorsichtig durch die Öffnung stülpst. Stopfe das Eichhörnchen mit Füllwatte aus und verschließe die Öffnung mit ein paar Stichen. Fertig ist dein selbstgemachtes Schmusetier.

Tipp
Mit dem Stempel hast du die Möglichkeit, dein Kuscheltier so oft und in so vielen Farben wie du möchtest herzustellen. Drucke aber nur auf gewaschene Baumwollstoffe. Die kann man heiß bügeln und so die Farbe fixieren. Gewaschen muss der Stoff sein, damit die Appretur aus dem Gewebe entfernt ist, die die Druckfarbe abperlen lässt.

Tasche mit Musik

Flötenmäppchen, bunt geknüpft

Das brauchst du

Schwierigkeit

* Bastelfilz in Petrol, 45 cm x 26 cm, 3,5 mm stark
* Wolle in Regenbogenfarben, 7,5 m lang
* Filzwolle in Schwarz
* Filznadel in mittel und fein
* Schaumstoff, 10 cm x 10 cm
* Lochzange
* Häkelnadel
* Schere
* Lineal
* Filzstift in Schwarz

Vorlage Seite 137

1 Schneide einen Filzstreifen von 13 cm Breite und 36 cm Länge und einen zweiten Streifen von 13 cm Breite und 45 cm Länge zu. Runde bei dem langen Streifen alle Ecken ab, bei dem kurzen Streifen nur die beiden Ecken an der linken schmalen Seite.

2 Mithilfe einer Lochzange perforierst du den Rand des kleineren Streifens jeweils im Abstand von 1 cm. Lege dann beide Streifen übereinander und markiere mit einem Filzstift die Stelle für das Loch auf dem unteren Streifen.

3 Loche nun den großen Filzstreifen an den markierten Stellen entlang des Randes. Vergiss nicht die Löcher für das Verschlussband! Lege nun beide Streifen übereinander, sodass die Löcher übereinstimmen.

4 Für die Fransen brauchst du Wollfäden von 14 cm Länge. Miss die Fäden ab und schneide sie zurecht. Zum Knüpfen faltest du einen Wollfaden in der Mitte. Die entstandene Schlaufe ziehst du mit der Häkelnadel durch das erste Loch des oberen und unteren Filzstreifens hindurch. Fädle nun die beiden Enden des Wollfadens durch die Schlinge. Ziehe die Schlaufe fest nach außen.

5 Verfahre so mit allen Wollfransen rund um das Filzmäppchen. Zum Verschließen des Flötenmäppchens fädelst du einen 25 cm langen Wollfaden durch die dafür vorgesehenen Löcher in dem kurzen Streifen. Damit der Faden nicht wieder herausrutscht, machst du an beiden Enden einen Knoten.

6 Zur Verzierung kannst du noch Noten auf dein Flötenmäppchen auffilzen. Dafür steckst du den Schaumstoff in das Innere des Mäppchens. Rolle eine schwarze Wollflocke zu einer Kugel. Platziere sie an die passende Stelle auf der Flötentasche. Stich dann mit der Filznadel immer wieder durch die Wollkugel bis in den Schaumstoff.

7 Die Wollfasern verschlingen sich dadurch mit dem darunterliegenden Filz. Für den Notenhals drehst du zwischen Daumen und Zeigefinger aus der Filzwolle einen Faden, den du ebenfalls mit der Nadel auffilzt.

8 Stecke deine Blockflöte in das Mäppchen und binde es zu. So ist dein Instrument gut geschützt, wenn du zum Flötenunterricht gehst.

Textilien **95**

Kreativ mit Farbe

Das solltest du darüber wissen

Tisch präparieren
Vor dem Malen solltest du deinen Tisch mit Zeitungen abdecken. Wenn du eine wilde Actiontechnik ausprobieren möchtest, dann solltest du aufgeschnittene Mülltüten als Unterlage verwenden und auch den Boden unter dem Tisch damit schützen – oder am besten draußen arbeiten.

Malerkittel
Damit du beim Kreativsein mit Farbe nicht ständig auf deine Kleidung achten musst, solltest du einen Malerkittel oder zumindest eine alte Hose und ein altes T-Shirt tragen.

Malen, zeichnen, drucken, skizzieren
Weißt du, wie deine Technik heißt? Arbeitest du trocken, nass oder sogar nass in nass? Mit einem Stift zeichnest du, mit einem Pinsel malst du, mit einem Stempel oder einer Linolschnittplatte druckst du. Oft machst du eine Skizze, also einen Entwurf, bevor du ein Bild malst.

Untergrund
Papier ist der gängigste Malgrund. Da gibt es aber große Unterschiede: Glatte Papier nehmen oft wenig Feuchtigkeit auf, grobporige Papiere zeigen beim Zeichnen eine eigene Struktur. Wenn du sehr nass malen möchtest, solltest du dein Papier rundherum mit Malerkrepp auf ein Malbrett kleben, damit es sich nicht wellt. Du kannst aber auch auf Holz, Pappe, Metall, Folie oder Stein malen. Damit die Farben richtig gut leuchten, solltest du die zu bemalende Fläche vorab mit weißer Farbe grundieren.

Kindersichere Farben
Verwende, wenn möglich, wasserlösliche Farben, sie sind auswaschbar. Deck-, Acryl- und Dispersionsfarben sind oft für dieselben Techniken einsetzbar. Aquarellfarbe eignet sich zum Bemalen von Strohseide und Aquarellpapier (nass und trocken).

98 Farbe

Mischen
Viele Farben sind untereinander mischbar. Gelb und Rot ergeben Orange, Blau und Gelb Grün. Rot und Blau ergeben Violett. Mischt man Weiß in eine Farbe wird sie heller, mit Schwarz dunkler. Mische auf einer Palette und teste den entstandenen Farbton auf einem Extrablatt.

Schablonen
Siehe Seite 9.

Spannend
Spezialfarben sind das pure Abenteuer: Gold, ein weißer Plusterstift oder Farben mit irisierendem Glimmer sind einfach cool. Aber auch mit scheinbar „normalen" Farben lässt sich Spannung erzeugen: Über ein mit Wachsstiften gemaltes Bild kannst du bügeln, Acrylfarbe mit einem Fahrradreifen abdrucken, Fingerfarbe mal mit den Füßen benutzen. Du kannst aber auch mit einem angekokelten Stock zeichnen, mit einer Johannisbeere malen oder deine Hand abdrucken. Probiere es aus!

Farbe **99**

Fabelhaftes Einhorn
Buntstiftzeichnung

Schwierigkeit
• • •

+ Buntstift in Rosa, Pink, Hellgrau, Weiß, Schwarz und Mittelblau
+ Zeichenpapier in Gold, A4
+ Kohlepapier
+ Kugelschreiber

Vorlage Seite 136

1 Pause die Vorlage von Seite 136 mithilfe von Kohlepapier auf das Goldpapier.

2 Male nun alle Flächen weiß aus. Die inneren Konturen malst du etwas kräftiger nach, damit du sie auch weiterhin sehen kannst.

3 Fange nun mit dem rosa Buntstift an, die Flächen und die Konturen des Einhorns zu schattieren. Ganz vorsichtig und zart, damit keine harten Kanten entstehen. Halte den Buntstift dabei sehr schräg.

4 Nimm nach und nach dunklere Buntstifte für dein Bild. Die Einhornkontur wird pink, die der Wolken blau. Erst für die letzten Schattierungen nimmst du den grauen Buntstift. Das Auge, die Nüstern und die Hufe malst du zum Schluss mit dem schwarzen Buntstift nach.

100 Farbe

www.topp-kreativ.de

TOPP 6227 € 12,99
144 S., 20 x 26 cm, Hardcover
ISBN 978-3-7724-6227-6

Besser zeichnen!
Mehr Freude mit Stift und Papier

TOPP 6184 € 16,99
128 S., 21 x 27,6 cm, Softcover
ISBN 978-3-7724-6184-2

Zentangle
Kreativität und Entspannung beim Zeichnen

TOPP 6185 € 19,99
176 S., 19 x 24,6 cm, Hardcover
ISBN 978-3-7724-6185-9

225 Zeichnen
Tipps, Tricks & Techniken

TOPP 6183 € 22,00
160 S., 21 x 29,7 cm, Hardcover
ISBN 978-3-7724-6183-5

Kreatives MODEZEICHNEN
Grundlagen, Stile und Gestaltungsweisen

TOPP 6075 € 24,99
176 S., 20 x 25,5 cm, Lesebändchen
ISBN 978-3-7724-6075-36

300 Acrylmalerei
Tipps, Tricks & Techniken

TOPP 6065 € 19,90
128 S., 21 x 28 cm, Hardcover
ISBN 978-3-7724-6065-4

100 verblüffende Techniken in Acryl
Grenzen der Acrylmalerei überschreiten

TOPP 6040 € 39,90
144 Seiten, 26 x 28,9 cm, Hardcover, mit Interview auf DVD
ISBN 978-3-7724-6040-1

: ART OF VIRO
WIE KOMMT DIE SEELE INS BILD?

TOPP 6041 € 39,90
144 Seiten, 26 x 28,9 cm, Hardcover, mit Interview auf DVD
ISBN 978-3-7724-6041-8

: ART OF FRIEDRICH SCHUBER
WIE KOMMT LICHT IN DAS AQUARELL?

TOPP 6097 € 16,99
144 S., 20,3 x 25,4 cm, Paperback
ISBN 978-3-7724-6097-5

COLLAGEN spielerisch gestalten
Frische Ideen und inspirierende Techniken aus Mixed Media

TOPP 6096 € 14,99
128 S., 21,6 x 25,4 cm, Paperback
ISBN 978-3-7724-6096-8

MIXED MEDIA GIRLS mit Suzi Blu
Schritt für Schritt traumhafte Mädchen zeichnen, malen und verzieren

TOPP 6270 € 24,90
240 S., 21 x 28 cm, Hardcover, mit DVD
ISBN 978-3-7724-6270-2

Genial malen
Felix Eckardt

TOPP 6785
Kreativbuch Handarbeiten
Mit den besten Ideen aus dem ARD-Buffet
144 S., 21 x 28 cm, Hardcover
ISBN 978-3-7724-6785-1
€ 19,99

TOPP 6790
Häkeln basics
160 S., 20 x 26 cm, Hardcover, DVD
ISBN 978-3-7724-6790-5
€ 19,99

TOPP 6745
nähen – DAS STANDARDWERK
280 S., 21 x 28 cm, Hardcover, DVD
ISBN 978-3-7724-6745-5
€ 24,99

TOPP 6744
stricken – DAS STANDARDWERK
80 S., 21 x 28 cm, Hardcover, DVD
ISBN 978-3-7724-6744-8
€ 24,99

TOPP 6764
Granny Squares auf andere Art
80 Seiten, 20 x 26 cm, Hardcover
ISBN 978-3-7724-6764-6
€ 12,99

TOPP 6783
mützenundmehr
beigelegte Wäschelabels
112 S., 21,7 x 23 cm, Softcover,
ISBN 978-3-7724-6783-7
€ 14,99

TOPP 6775
Tolle Kissen selbst genäht
Schnittmusterbogen
112 S., 21,7 x 23 cm, Hardcover, mit Schnittmusterbogen
ISBN 978-3-7724-6775-2
€ 14,99

TOPP 6776
Tasche Design
112 Seiten, 22 x 23 cm, Hardcover, mit Schnittmusterbogen
ISBN 978-3-7724-6776-9
€ 16,99

TOPP 5780
120 S., 22,2 x 23,4 cm, Hardcover
ISBN 978-3-7724-5780-7
€ 14,99

TOPP 5722
Alles ist zum Basteln da!
144 S., 24,5 x 27 cm, Hardcover
ISBN 978-3-7724-5722-7
€ 19,90

TOPP 5734
365 Ideen zum Malen und Zeichnen
128 S., 25 x 27,7 cm, Hardcover
ISBN 978-3-7724-5734-0
€ 19,90

TOPP 5758
365 Dinge aus Papier und Pappkarton
128 S., 25 x 27,7 cm, Hardcover
ISBN 978-3-7724-5758-6
€ 19,99

TOPP 5782
Raus! 55 Kreativideen für Wasser, Wald und Wiese
132 S., 21 x 28 cm, Hardcover
ISBN 978-3-7724-5782-1
€ 14,99

TOPP 5753
EXTREM BASTELN – Nichts ist vor uns sicher!
132 S., 21 x 28 cm, Hardcover
ISBN 978-3-7724-5753-1
€ 14,99

TOPP 5783
Das große KINDER BASTELBUCH
144 S., 21 x 28 cm, Hardcover
ISBN 978-3-7724-5783-8
€ 14,99

TOPP 5784
Mein buntes Bastelbuch für die Jahr
144 S., 20,5 x 26,5 cm, Hardcover
ISBN 978-3-7724-5784-5
€ 9,99

Zauberlicht
mit Papierbatik

Das brauchst du

Schwierigkeit

* 2 Batikpapiere, A4
* 4 Kunststoffbehälter
* Batikfarbe in Rot, Pink, Blau und Grün
* Einmalhandschuhe
* altes Zeitungspapier
* 2 Windlichtfolien, A4
* 6 Ösen, ø 5 mm
* Ösenzange
* Lochzange
* Schere
* Bügeleisen

1 Die einzelnen Batikfarben nach Herstellerangaben in je einem Kunststoffbehälter ansetzen. Aufgepasst! Trage einen Malerkittel. Batikfarbe lässt sich nicht wieder aus der Kleidung auswaschen!

2 Falte nun dein Batikpapier, wie es dir gefällt. Du kannst das Papier an manchen Stellen auch vorsichtig etwas zusammenknüllen.

3 Tauche nun deine gefalteten Batikpapierbögen nacheinander in die Farben – beginne mit der hellsten.

4 Breite dein Papier wieder aus und lasse es trocknen.

5 Bitte deinen erwachsenen Assistenten, das Batikpapier zwischen Zeitungspapier zu bügeln.

6 Um ein Windlicht aus Batikpapier zu gestalten, musst du das gebügelte Papier auf die beiden selbstklebenden Windlichtfolien kleben. Schneide die beiden Folien auf gleiche Größe zu. Stanze an den Rändern mit der Lochzange jeweils drei Löcher. Lege die beiden beklebten Folien passgenau aufeinander und fixiere sie mit Ösen, die du durch die Stanzlöcher steckst.

Farbe

Mächtiger Vulkanausbruch
Malen mit Ölpastellkreide

Das brauchst du

Schwierigkeit ● ● ○

* Ölpastellkreide in Schwarz, Weiß, Grau, Rot, Orange, Gelb, Hell- und Dunkelblau
* Zeichenpapier, A4
* Zeitungspapier als Unterlage
* Lappen

Vorlage Seite 135

1 Lege die Vorlage unter dein Zeichenpapier und pause die Umrisslinien auf dein Zeichenpapier mit der grauen Ölpastellkreide ab.

2 Lege unter dein Zeichenpapier das Zeitungspapier, damit deine Arbeitsfläche nicht schmutzig wird. Beginne mit der weißen Ölpastellkreide und male in Kreisen die Rauchwolken aus.

3 Schattiere die Wolken mit grauer, schwarzer und orangener Ölpastellkreide. Stülpe den Lappen über deinen Zeigefinger und verwische die Ölkreide zu Wolkenwirbeln.

4 Jetzt kannst du dich mit der Lava beschäftigen: Nimm hierfür die gelbe, orangefarbene und rote Ölpastellkreide.

5 Bei der Himmelsfläche fängst du unten bei den Bergen mit einem hellen Blau an und wirst nach oben hin immer dunkler.

6 Zum Schluss malst du den Berg noch mit schwarzer Ölpastellkreide aus. Fertig ist dein feuerspuckender Vulkan!

Tipp
Mit warmen Händen kannst du die Farbe viel leichter verwischen, als mit kalten Händen. Zum Fixieren kannst du am Ende noch etwas Haarspray auf dein Bild sprühen.

102 Farbe

Bunte Großstadtwelt
Frottage-Technik

Das brauchst du

Schwierigkeit ● ● ●

* Zeichenblock, A3
* Wachsmalstifte
* Deckfarbenkasten
* Unterlage mit Struktur, z. B. Wellpappe, grobes Sandpapier, Lochblech, Bastuntersetzer oder Strukturtapete
* Filzstift in Schwarz
* Lineal
* Schere
* UHU Bastelkleber

1 Lege ein Zeichenblatt auf eine Unterlage mit Struktur. Rubble mit der Breitseite einer Wachsmalkreide, so über das Papier, dass sich das Muster durchpaust.

2 Rubble noch andere Strukturen und bemale sie mit verschiedenen Deckfarben.

3 Schneide die Muster in Streifen und setze sie zu einer Häuserfront zusammen.

4 Dann klebst du sie auf ein großes Zeichenblatt. Mit einem schwarzen Filzstift malst du Fenster, Türen, Mauerwerk und andere Verzierungen auf.

Farbe 103

Außerirdische Pustemonster

Wasserfarbe pusten

Das brauchst du

Schwierigkeit ● ● ○

* Deckfarbenkasten
* Zeichenblock, A3
* Blatt Papier
* Pinsel
* kleine Behälter, z. B. Joghurtbecher
* Strohhalm
* Wackelaugen, ø 0,5 cm–2,5 cm
* Filzstift in Schwarz
* Tafelkreide in Dunkelblau, Hellbraun und Gelb
* Schere
* UHU Bastelkleber

1 Rühre in verschiedenen Behältern Deckfarben an, zum Beispiel in einem Becher Pink und im anderen Lila. Gieße von jeder Farbe einen dicken Klecks dicht nebeneinander auf das Papier.

2 Puste von der Farbenmitte aus mit dem Strohhalm kräftig auf die Farbkleckse. Die Farben mischen sich teilweise und verbreiten sich in alle Richtungen. Mit dem Strohhalm „jagst" du nun die einzelnen Stacheln weiter auf deinem Blatt. Du weißt nie genau, wie dein Monster am Ende aussehen wird. Lass dich überraschen!

3 Mit etwas Fantasie kannst du Arme, Beine und Kopf erkennen. Wenn alle Farbe verpustet ist, lässt du das Bild gut trocknen. Dann klebst du den Monstern Wackelaugen auf. Mit einem Filzstift malst du jedem einen großen, bizarren Mund. Schneide aus dem weißen Papier ein paar spitze Zähne aus und klebe sie den Monstern an.

4 Den Hintergrund gestaltest du mit Tafelkreide. Ziehe die Breitseite der hellbraunen Kreide in einem großen Bogen über das Blatt. So deutest du eine Mondlandschaft an. Male mit der Kreide einige Krater auf den Planeten.

5 Das Weltall malst du mit blauer Kreide. Halte ein wenig Abstand von den Pustemonstern, damit du sie nicht übermalst. Mit deinem Finger verwischst du die Kreide anschließend mit kreisenden Bewegungen. Rund um deine Monster verstreichst du nur wenig Kreidepulver. So bleiben ihre grellen Farben erhalten.

Aktividee
Gestalte selbst Einladungskarten für deine nächste Monsterparty! So ein gruseliges Mottofest mach am Geburtstag oder an Halloween großen Spaß!

Farbe 105

Wüstenlandschaft
Collage in Acryl

Das brauchst du

Schwierigkeit • • •

* Zeichenblock, A3
* Zeichenkarton
* Acrylfarben in Orange, Gelb, Lila, Braun, Blau, Hell- und Dunkelgrün
* Pappkartonreste
* verschiedene Kämme
* Gabel
* Korken
* Wattestäbchen
* dicker Borstenpinsel
* Schere
* UHU office pen

Vorlage Seite 136

1 Acrylfarben sind cremig und haben eine hohe Leuchtkraft. Pur oder mit Wasser verdünnt, lassen sie sich leicht auftragen. Streiche Acrylfarbe in verschiedenen Farbtönen mit einem breiten Pinsel auf einen Zeichenkarton.

2 Schneide in Pappstücke verschiedene Kerben, mit denen du Muster in die feuchte Acrylfarbe kratzen kannst.

3 Unterschiedliche Kämme, Gabeln oder auch Wattestäbchen erzeugen interessante Muster. Wenn du beispielsweise einen Korken immer wieder in der nassen Farbe drehst, erhältst du ein Wolkenmuster.

4 Lasse die Muster gut trocknen. Wasche die Pinsel gründlich aus, denn nach dem Trocknen lässt sich Acrylfarbe schlecht entfernen.

5 Aus deiner Mustersammlung schneidest du Teile zurecht, die du als Collage zu einer Wüstenlandschaft mit Kakteen, Schlange und Echse zusammenfügst.

106 Farbe

6 Beginne mit dem Hintergrund und arbeite dich landschaftlich weiter nach vorne. Als letztes klebst du dann die Kakteen, die Schlange und die Echse auf.

Farbe **107**

Schreib mal wieder!
Linoldruck-Briefpapier

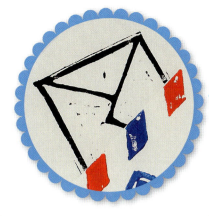

Das brauchst du

Schwierigkeit • • •

* Linolplatte, A5
* Linolbesteck
* Cuttermesser und Lineal
* Bleistift
* Linoldruckfarbe in Rot, Blau und Schwarz
* Druckwalze
* Briefpapier in Creme, A5
* Kuvert in Creme, 12,2 cm x 18,2 cm

Vorlage Seite 134

1 Zeichne mit Bleistift und Lineal mit 1 cm Abstand zum Rand einen Rahmen auf eine Linolplatte. Schneide die gezeichneten Linien mit dem Cuttermesser und einem Lineal als Stütze kräftig nach, sodass du den Rahmen ablösen kannst.

2 Sowohl ein Negativ- als auch ein Positivdruck ist möglich. Du kannst ein Muster einritzen oder alles um ein Muster herum wegschnitzen und dann das Muster drucken: Ritze beispielsweise mit dem Linolbesteck rundherum in gleichmäßigen Abständen 1 cm breite Schrägstreifen in den Rahmen.

3 Bestreiche die Querstreifen abwechselnd mit blauer und roter Farbe, und drucke den Rahmen wie einen Stempel auf das Papier. Sobald der Rahmen auf dem Papier liegt kannst du ihn nicht mehr verschieben! Rolle mit der Druckwalze kräftig über den Rahmen.

4 Entferne den Rahmen vorsichtig.

5 Verwahre die bearbeiteten Linolplatten gut, so kannst du dir dein Briefpapier jederzeit nachdrucken…

Tipp
Indem du eine unbearbeitete Linolplatte mit beliebiger Farbe bestreichst und auf dein Papier druckst, kannst du dem Briefpapier eine Hintergrundfarbe geben bevor du den Streifenrahmen hinzufügst. Wichtig ist, dass du das Papier nach jedem Arbeitsschritt trocknen lässt. Alle Motive findest du als Vorlagen im Anhang.

Aktividee
Hast du einen Brieffreund oder eine liebe Cousine, die weit entfernt wohnt? Verschenke doch eine kleine Box mit diesem großartigen Briefpapier. Sicherlich wirst du bald viel Post bekommen!

Farbe **109**

Farbexperimente
marmorierte Einladungskarten

Das brauchst du

Schwierigkeit ●●○

- Marmorierfarbe in Rot, Braun, Orange und Weiß
- ggf. Marmoriergrund
- Schüssel mit Wasser, ø 20 cm
- Blatt Papier, A5
- Rubbelkrepp
- altes Zeitungspapier
- Einmalhandschuhe
- Zahnstocher oder Kamm
- Tonpapier in Dunkelbraun, A4
- Schere
- UHU flinke Flasche

1 Stelle eine Schüssel auf alten Zeitungen bereit und fülle sie mit Wasser.

2 Schau auf der Verpackung der Marmorierfarbe nach, ob du noch einen Marmoriergrund brauchst, bei manchen Farben ist das der Fall. Gestalte das weiße Papier mit einem Schriftzug, den du mit Rubbelkrepp schreibst.

3 Ziehe Handschuhe an. Lasse die Marmorierfarbe direkt aus der Flasche dicht über der Wasseroberfläche auf das Wasser tropfen.

4 Sobald du alle Farben, die du haben möchtest, auf der Wasseroberfläche hast, ziehst du mit einem Zahnstocher oder einem Kamm ein Muster.

5 Lege nun vorsichtig das Blatt Papier auf die Farbe auf der Wasseroberfläche, damit das Papier die Farbe aufnehmen kann.

6 Das Papier vorsichtig von der Wasseroberfläche herunter nehmen und zum Trocknen auf das Zeitungspapier legen.

7 Vor jedem neuen Färbevorgang die alten Farbreste aus der Schüssel entfernen und neue Farbe hineintropfen lassen.

8 Lass die Farbe trocknen und reibe dann vorsichtig den Rubbelkrepp von der Schrift. Falte das Tonpapier mittig und klebe das marmorierte Blatt darauf. Fertig ist die Einladung zur Halloweenparty.

110 Farbe

Basteln mit Naturmaterial

Das solltest du darüber wissen

Lebensmittel?

Es gibt viele hungernde Menschen auf der Welt und gleichzeitig einen riesigen Müllberg an noch genießbaren Lebensmitteln, die jeden Tag weggeworfen werden. Mach dir dieses Problem bewusst. Wenn du trotzdem mit Nahrungsmitteln basteln möchtest, dann schau dich mal um: Kürbisse, Nüsse, Äpfel und ungekochte Nudeln sind wirklich sehr dekorativ. Mit nassen Teebeuteln oder zerquetschten Beeren kannst du malen, mit Reis einen kleinen Zen-Garten anlegen. Halte solche Basteleien in Maßen.

Sammeln

Um mit Naturmaterial basteln zu können, musst du es erst einmal sammeln. Lege dir am besten einen Platz im Garten an, an dem du Zapfen, Muscheln, Steine, Stöcke und Rinde deponierst. Kastanien kannst du auch in einem Korb aufbewahren. Blätter und Blüten presst du am besten zwischen Telefonbuchseiten, Beeren verwendet man meist frisch.

Schnitzen

Mit einem Taschenmesser kannst du die tollsten Formen in einen Stock schnitzen. Führe dabei das Messer von dir weg und achte bei jeder Kerbe darauf, dass kein Finger im Weg ist. Es gibt auch spezielles Schnitzwerkzeug mit allerlei Stemm- und Hohleisen. Das ist aber wirklich nur was für Profis!

Sägen

Große Äste, Pfähle und Bretter muss man oft erst zusägen, bevor man mit ihnen werken kann. Dass solltest du nur unter der Aufsicht eines Erwachsenen tun, damit du dich dabei nicht verletzt. Spanne das betreffende Holzstück mit Schraubzwingen fest, sodass es dir nicht entwischen kann. Markiere die Sägestelle mit Bleistift. Dann sägst du vorsichtig mit geraden Bewegungen von dir fort.

> **Tipp**
> Eine tolle Land Art-Technik ist es, Blumensamen zu säen. Ringel-, Sonnenblumen oder Kresse eignen sich besonders. Halte die eingesäte Erde feucht! Schon bald wirst du deinen Kreis, das gesäte Herz oder die Blumensonne erkennen können.
> Wenn du das säen in einen Streich verwandeln möchtest, dann kannst du auch „Samenbomben" aus Tonerde, Blumenerde, Wasser und Blumensamen machen. Forme daraus kleine Kugeln und lass sie trocknen. Du kannst dann immer und überall kleine Blumenüberraschungen abwerfen!

Schleifen und Schmirgeln

Mit groben Raspeln und Feilen kann man das Holz prima bearbeiten. Ist die grobe Form erkennbar, kannst du auf Schleifpapier umsteigen und alle Kanten sorgfältig glätten. Je grober die Körnung des Papiers ist, umso feiner wird dein Schliff.

114 Naturmaterial

Farbe

Holz kannst du entweder in seiner Naturfarbe belassen oder mit Speiseöl einölen. Zum bemalen eignet sich Acrylfarbe. Wenn dein Objekt wetterfest sein soll, kannst du es mit Klarlack besprühen.

Einfrieren

Auch mit Schnee und Eis lassen sich tolle Kunstwerke erschaffen: Außer einem Schneemann könntest du ja mal eine Pyramide oder ein Monster aus Schnee machen. Wenn du Teelichter hineinstellst, dann leuchtet der Schnee geheimnisvoll in der Dämmerung. Beeren, Blüten und andere Fundstücke lassen sich auch einfrieren. Gestalte so Eislichter oder lege Mandalas in Blumenuntersetzer, die du dann mit Wasser füllst, sodass du nach einer kalten Nacht eine Eisscheibe an der Eingangstür aufstellen kannst.

Kleben

Im Sinne von „Land Art" wäre es eigentlich, alle Objekte mit Gras oder Schlingpflanzen aneinander zu binden. Aber manchmal benötigt man eben doch einen Tropfen Klebstoff. Dann bietet sich UHU creativ für Naturmaterialien an.

Naturmaterial 115

Sommerliche Gartenparty
Lampions und Wimpelkette mit getrockneten Blüten verziert

Das brauchst du

Schwierigkeit

* verschiedene Blüten
* Lampion in Grün, Gelb und Pink
* 6 Fotokartons, A5
* Satinbänder in Lila, Gelb und Hellgrün, 1 cm breit, 2,5 m lang
* UHU Alleskleber Kraft
* 2 alte Telefonbücher

Vorlage Seite 137

1 Sammle verschiedene schöne Blumen und presse sie in alten Telefonbüchern. Nach etwa einer Woche sind sie getrocknet.

116 Naturmaterial

2 Klebe die Blumen auf die Lampions. Du kannst sie, wie es dir gefällt, darauf verteilen oder auch zu einfachen Mustern zusammenstellen.

3 Binde die verschiedenen bunten Bänder an die Laternenbügel.

4 Passend zu deinen Laternen kannst du auch noch bunte Wimpelketten basteln. Schneide dafür aus Fotokarton Dreiecke aus – dafür kannst du die Vorlage benutzen – und beklebe sie mit gepressten Blüten. Klebe die Wimpel dann an ein langes Satinband.

Tipp
Statt fertig gekaufter Lampions kannst du ganz leicht selbst welche herstellen. Puste einen Luftballon auf und klebe mit Kleister etwa drei Lagen Transparentpapierschnipsel rund um den Ballon. Nach dem Trocknen kannst du den Ballon aufschneiden und aus der Pappmachékugel herausnehmen. Befestige noch einen Drahtbügel daran, damit du deinen Lampion auch aufhängen kannst.

Naturmaterial 117

Findeschmuck

Ketten aus Naturmaterial

Das brauchst du

Schwierigkeit

Fundstück mit Loch
* Stück moosbewachsene Rinde mit Loch
* Holzperle in Weiß, ø 1 cm
* Holzperle in Türkis, ø 8 mm
* Holzperle in Lila, ø 5 mm
* Basteldraht in Gold, ø 0,5 mm, 15 cm lang
* Lederband in Rot, ø 2 mm, 92 cm lang
* kleine Zange

Fundstück ohne Loch
* Muschel
* Tannenzapfenschuppe
* Holzperle in Blau, ø 5 mm
* Basteldraht in Gold, ø 0,5 mm, 25 cm und 10 cm lang
* Lederband in Natur, ø 1,5 mm, 70 cm lang
* kleine Zange

Fundstück mit Loch

1 Schneide ein 15 cm langes Stück Draht ab und fädle ihn durch ein geeignetes Löchlein in deinem Naturfundstück. Biege ihn in der Mitte um, sodass du zwei gleich lange Enden hast.

2 Fädele die drei Holzperlen auf beide Drahtstückenden.

3 Verdrehe die Drahtenden, die aus den Holzperlen herausragen zu einer Schlinge. Das geht am besten mit einer kleinen Zange.

Fundstücke ohne Loch

1 Schneide zwei Drahtstücke ab, sie sollten jeweils ungefähr fünfmal so lang sein wie deine Fundstücke. Biege den ersten Draht in der Mitte und verdrehe ihn ein wenig, so dass eine kleine Öse entsteht.

2 Fädele eine Holzperle auf beide Drahtstücke.

3 Befestige einen deiner gefundenen Schätze aus der Natur, in dem du ihn mit beiden Drahtstücken überkreuzend umschlingst, verdrehe den Draht auf der Rückseite zu einer Öse. Fädele den zweiten Draht durch die Öse, verdrehe den Draht wieder ein wenig und umschlinge anschließend das zweite Fundstück.

4 Auf der Rückseite verdrehst du beide Drahtenden miteinander. Fädle den Anhänger auf ein Lederband.

Naturmaterial **119**

Naturkunst

fröhliche Körnerbilder

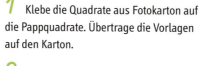

Das brauchst du

Schwierigkeit ● ● ○

- Graupappe, 16 cm x 16 cm
- Fotokarton mit Leinenstruktur in Rot, Hellblau und Weiß, 16 cm x 16 cm
- Körner und Samen (z. B. Leinsamen, Mais, Kürbiskerne, Erbsen, Hirse, Linsen, rosa Pfeffer)
- 2 ovale Wackelaugen, 1 cm lang
- Buntstifte in Braun und Rot
- Lackmalstift in Schwarz, Weiß und Blau
- Rest Fotokarton mit Leinenstruktur in Creme
- UHU Alleskleber Kraft
- 6 kleine Schälchen

Vorlage Seite 138

Tipp
Du kannst mit dieser Technik auch Spanschachteln oder Bilderrahmen verzieren. Gib immer nur eine kleine Menge der Körner in die Schälchen und fülle bei Bedarf nach, damit keine Lebensmittel verschwendet werden.

1 Klebe die Quadrate aus Fotokarton auf die Pappquadrate. Übertrage die Vorlagen auf den Karton.

2 Stelle die Körner und Samen in kleinen Schälchen bereit.

3 Streiche nun immer kleine Abschnitte der Vorzeichnung mit Klebstoff ein und streue die entsprechenden Körner auf. Drücke sie vorsichtig fest. Klopfe anschließend den Karton vorsichtig mit der Längsseite auf den Tisch, damit die überschüssigen Körner abfallen.

4 Beklebe auf diese Weise alle Flächen mit kleinen Körnern. Größere Materialien, wie Kürbiskerne oder Maiskörner, kannst du gezielt einzeln aufkleben.

5 Male mit Buntstiften Details wie die Fühler der Schnecke auf.

120   Naturmaterial

6 Mit Lackmalstiften kannst du Münder und Lichtpunkte ergänzen. Die Eule bekommt große Augen aus Fotokarton mit Bohnen als Pupillen, die mit blauem Lackmalstift bemalt wurden.

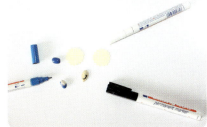

Mein Style
Brandmalerei auf Leder

Das brauchst du

Schwierigkeit ● ● ●

* Gürtel aus Leder in Mittelbraun
* Pappe
* Bleistift
* Brennkolben mit verschiedenen Spitzen
* feuerfester Untersetzer
* Zange

Vorlage Seite 140

Tipp

Brandmalerei bedeutet, dass du das Leder mit der erhitzten Spitze des Brennkolbens schön verzierst. Dabei musst du sehr vorsichtig arbeiten, damit du dich nicht verbrennst oder den Tisch oder die Unterlage beschädigst, auf denen du arbeitest. Bitte einen Erwachsenen um Hilfe.

1 Dein Arbeitstisch sollte in der Nähe einer Steckdose stehen, damit das Kabel des Brennkolbens bis zu deinem Arbeitsplatz reicht. Lege eine Pappe unter dein Projekt. Auf einem feuerfesten Untersetzer platzierst du den Sicherheitsständer für den Brennkolben.

2 Zeichne das Muster mit Bleistift auf dem Gürtel vor. Je nachdem, wie fein das Muster werden soll, wählst du die Stärke der Spitze des Brennkolbens aus. Die Spitze muss fest sitzen!

3 Lege nun den Kolben auf den Ständer und stecke den Netzstecker in die Steckdose. Nach drei Minuten hat die Spitze des Gerätes die gewünschte Temperatur erreicht. Jetzt kannst du den Brennkolben wie einen Schreibstift an der Grifffläche halten.

Tipp

Man kann übrigens nicht nur Leder mit dem Brennkolben gestalten: Verziere doch auch mal ein Holzbrett. Das ergibt schnell ein schönes Vesperbrett oder ein hübsches Türschild.

4 Wie mit einem Stempel drückst du den heißen Aufsatz auf das Leder, um die kleinen Blüten einzubrennen.

5 Lege den Brandmalkolben in den Sicherheitsständer zurück und ziehe den Netzstecker aus der Steckdose. Pass auf, dass du das heiße Metall nicht berührst! Lass das Gerät unbedingt ganz auskühlen, bevor du den Aufsatz mithilfe einer Zange wechselst.

6 Mit langsamen Bewegungen und leichtem Druck kannst du nun die Kringel und Verzierungen nachmalen. Fertig ist der schicke Gürtel.

Tipp
Um das Mäppchen verzieren zu können, füllst du es prall mit Schaumstoff oder zusammengeknülltem Zeitungspapier. So verhinderst du, dass die Oberfläche beim Bearbeiten nachgibt. Eine Eulenvorlage findest du auf Seite 140.

Tipp
Für ein individuelles Geburtstagsgeschenk brennst du noch den Namen deines Freundes oder deiner Freundin in das Leder des Mäppchens.

Naturmaterial 123

Waldmusik
geschnitzte Instrumente

Das brauchst du

Schwierigkeit ●●●

* Haselnusszweig, ø 2,5 cm, 135 cm lang
* Zweig, ø 1 cm, 30 cm lang
* 7 gebohrte Holzkugeln, ø 3 cm
* Acrylfarbe in Rot, Gelb, Blau und Hellgrün
* Paketschnur, 90 cm lang
* Kinderschnitzmesser
* Bohrer, ø 3 mm

1 Lass dir von einem Erwachsenen den Zweig in sechs Stücke sägen: 35 cm, 30 cm, 25 cm, 20 cm, 15 cm und 10 cm lang. Etwa 2 cm vom oberen Rand entfernt müssen die Stäbe quer durchbohrt werden.

2 Bemale die Holzkugeln mit den Acrylfarben und lasse sie gut trocknen.

3 Schnitze nun mit dem Messer verschiedene Muster wie Streifen, Punkte oder Ringe in die Aststücke. Schneide dabei immer vom Körper weg, damit du dich nicht verletzt!

4 Fädle nun die Aststücke der Größe nach geordnet mit je einer Kugel als Abstandshalter auf die Paketschnur. Knote die Enden zu Schlingen.

5 Mit dem dünneren Zweig kannst du nun auf deinem Astxylophon spielen!

Tipp
Aus einem etwa 3 cm dicken und 22 cm langen Aststück kannst du ein weiteres Instrument bauen, nämlich eine Guiro! Schnitze viele Kerben nebeneinander in den Ast und reibe mit einem dünneren Zweig darüber. Für die Kerben kannst du auch eine Feile verwenden.

Naturmaterial

Wer knabbert denn da?

Häschen und Schnecke aus Astscheiben

Das brauchst du

Schwierigkeit ●●●

- 2 Birkenscheiben, schräg, 40 cm lang
- 5 Astscheiben, 1 cm dick, ø 10 cm
- Astscheibe, 3 cm dick, ø 35 cm
- Astscheibe, 1 cm dick, ø 20 cm
- 16 Nägel, 7 und 3 cm lang
- Hammer
- Holzhalbkugeln, ø 2,5 cm
- Acrylfarbe in Altrosa
- 2 Wackelaugen, oval, 2 cm lang
- Lackmalstift in Schwarz und Weiß
- Holzleim

1 Für den Hasen brauchst du eine dicke Astscheibe für den Bauch, eine etwas kleinere für den Kopf, eine ganz kleine für den Schwanz und zwei für die Füße. Für die Ohren lässt du dir von einem hilfreichen Erwachsenen zwei Birkenscheiben ganz schräg absägen.

2 Nimm nun die Nägel und baue damit die Einzelteile zusammen, so wie du es auf dem Foto sehen kannst. Zuerst befestigst du den Kopf mit den kürzeren Nägeln am Bauch des Hasen. Ergänze danach die Ohren. Füße und Schwanz kommen an die Bauchunterseite. Wenn du nicht sicher bist, ob sie stabil befestigt sind, kannst du auch zwei Nägel nebeneinander einschlagen!

3 Bemale die Holzhalbkugeln rosafarben und lasse die Farbe gut trocknen. Klebe dann die Nase mit Holzleim an den Hasen.

4 Mit einem Lackmalstift ergänzt du das Gesicht. Wenn du möchtest, kannst du auch noch rosa Wangen auftupfen.

Tipp
Wie du auf dem großen Foto siehst, kannst du auch eine Schnecke aus Astscheiben zimmern. Baue dein Lieblingstier und dekoriere damit euren Eingangsbereich.

Naturmaterial **125**

Wilder Piratenangriff
Säbel als Laubsägearbeit

Das brauchst du

Schwierigkeit ●●○

* Sperrholzplatte, 50 cm x 40 cm, 0,5 cm stark
* Laubsäge
* Schleifpapier
* Acrylfarbe in Rot, Schwarz und Silber
* Bleistift
* Pinsel
* Holzleim
* 2 Schraubzwingen

Vorlage Seite 139

1 Übertrage mithilfe der Vorlage die Umrisse des Säbels und aller dazugehörigen Teile mit einem Bleistift auf die Sperrholzplatte.

2 Fixiere die Sperrholzplatte mit Schraubzwingen an der Werkbank. Halte die Säge am Griff, sodass dieser nach unten und der Bügel vom Tisch weg zeigt. Achte darauf, dass du das Sägeblatt immer senkrecht hältst, damit die Säge sich nicht verhakt. Übe nur wenig Druck aus.

3 Säge den Piratensäbel mit allen Teilen aus. Schleife danach sämtliche Kanten mit Schmirgelpapier glatt.

4 Dann bemalst du die Teile beidseitig mit Acrylfarbe und lässt sie gut trocknen.

5 Stecke die Teile zusammen und klebe die Griffe rechts und links mit Holzleim fest.

Aktividee

Säbelwettkampf: An eine Wäscheleine hängt ihr mithilfe von Klammern eine Zeitung auf, sodass jeder Pirat eine Doppelseite zur Verfügung hat. Das ist das Segel eueres Gegners. Auf ein Kommando hin zerfetzt jeder das Zeitungssegel mit seinem Säbel, bis kein Fetzen mehr übrig geblieben ist. „Klar zum Entern!"

Waldpost
Klebekarten mit Naturfundstücken

Das brauchst du

Schwierigkeit
● ● ●

* Tonkarton in Weiß, A6
* doppelseitiges Klebeband
* Sand
* Blüten
* Blätter
* kleine Stöckchen
* Schere

1 So eine Karte kann man auf jedem Sonntagsspaziergang machen! Schneide einen 12 cm langen Streifen Klebeband ab und klebe ihn in die Mitte eines Tonkartons.

2 Suche kleine Stöckchen, Grashalme, Blüten, Blätter, Samen und ähnliches. Ziehe die Schutzfolie des Klebebands ab und klebe die gesammelten Schätze auf die Karte. Dein Bild kann beispielsweise eine Landschaft oder einen Vogel zeigen – oder du arbeitest ganz abstrakt.

3 Bleibt zum Schluss noch Klebefläche übrig, bestreust du diese mit Sand oder Waldbodenkrümeln. Fertig ist dein Kunstwerk!

Aktividee
Wenn du die Klebekartenaktion für deinen Kindergeburtstag vorbereiten möchtest, kannst du bunte Blätter und Blüten sammeln und pressen, um sie dann zum Ausgestalten zu nutzen. Außerdem kannst du beispielsweise auch deinen Namen mit kleinen Stöckchen auf die Karte kleben. Dann hast du eine eigene Natur-Visitenkarte.

Lebende Steine
bemalte Kieselsteine

Das brauchst du

Schwierigkeit • • •

* Kieselsteine in verschiedenen Größen
* Buntstifte
* ggf. Klarlack

1 Nimm einen Stein, schließe deine Augen und ertaste ihn von allen Seiten. Wie fühlt sich der Stein an? Erinnert dich die Form an etwas?

2 Öffne nun die Augen und betrachte den Stein noch einmal von allen Seiten. Hast du schon ein „Steintier" entdeckt?

3 Beim Bemalen des Steines fängst du am besten mit den Augen an. Dadurch wirkt der Stein sofort lebendig.

4 Hat dein Tier einen Schnabel, eine Schnauze oder einen Mund? Ist es traurig oder fröhlich? Bemale den Stein rundum mit Buntstiften, sodass er wirklich überall bunt ist.

Tipp
Möchtest du dein Steintier im Freien wohnen lassen, musst du die Buntstiftfarbe fixieren: Die Steine sollten nach dem Bemalen mit einem klaren Sprühlack behandelt werden. Das macht die Farbe wetterfest.

Naturmaterial **129**

Baumgeister
Tongesichter auf Rinde

Das brauchst du

Schwierigkeit
● ● ○

* Ton (alternativ Lehm)
* Moos
* Gras
* Blätter
* Stöckchen

1 Suche im Wald oder Garten einen Baum mit rauer Rinde.

2 Nimm einen Klumpen Ton, etwa so groß wie deine Hände und forme zunächst eine Kugel daraus.

3 Drücke den Tonklumpen in Augenhöhe an den Baum. Achte darauf, dass der Ton gut mit dem Baum verbunden ist. Forme aus dem Klumpen ein Gesicht. Die Nase bildet dabei in etwa die Mittelachse.

4 Überlege jetzt, wie dein Gesicht aussehen soll. Gruselig, fröhlich, traurig oder wütend? Mund, Augen und Augenbrauen sind besonders wichtig, um Stimmungen auszudrücken.

5 Mit Naturfundstücken lässt sich das Gesicht noch weiter ausgestalten: Als Haare eignen sich beispielsweise Grashalme, Kiefernnadeln oder Moos.

Aktividee
Mach mit deinen Freunden eine Waldexpedition in der Dämmerung: Besonders unheimlich ist es, wenn du deinen „Baumgeist" in der Dunkelheit mit einer Taschenlampe anleuchtest!

Hinweis
Ton und Lehm kommen direkt aus der Natur. Die Gesichter können also an den Bäumen hängen bleiben, ohne dass du ein schlechtes Gewissen zu haben brauchst. Sie fallen irgendwann von ganz alleine ab oder der Regen wäscht sie vom Baum.

130 Naturmaterial

Gut getarnt
geheimnissvolle Astwesen

Das brauchst du

Schwierigkeit
• • •

* Holzstücke aus dem Wald (alternativ Treibholz)
* Aquarellfarben (alternativ Ölpastellkreiden)
* dicke und dünne Pinsel
* Mischpalette
* Glas mit Wasser

1 Nimm eines deiner gefundenen Holzstücke und betrachte es von allen Seiten und in alle Richtungen. Was verbirgt sich darin? Ist das ein Tier? Ein Monster vielleicht?

2 Hast du die für dich spannendste Seite gefunden, malst du mit einem dünnen Pinsel zuerst ein Auge auf das Holzstück.

3 Wenn die Farbe getrocknet ist, kannst du die Pupille hinein malen.

4 Nun überlege dir, wie der Mund aussehen soll. Lustig oder traurig? Male mit roter Farbe die Lippen und dann die weißen Zähne.

132 Naturmaterial

5 Anschließend kannst du nach Lust und Laune die übrige Fläche bearbeiten. Schuppen, Federn oder Fell können auch bunt sein!

Hinweis
Gehe respektvoll mit der Natur um! Wenn du im Wald mit Naturmaterialien arbeitest, benutze am besten nur Fundstücke, die schon am Boden liegen. Falls du Blüten und Blätter verwendest, die noch wachsen, nimm nur soviel wie du tatsächlich brauchst.

Naturmaterial 133

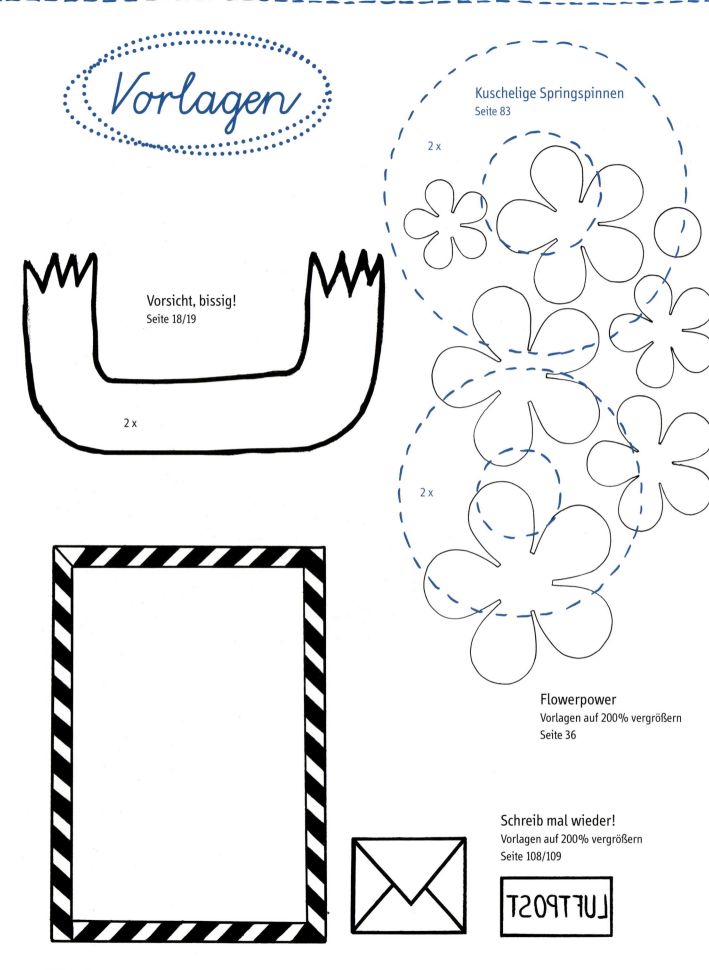

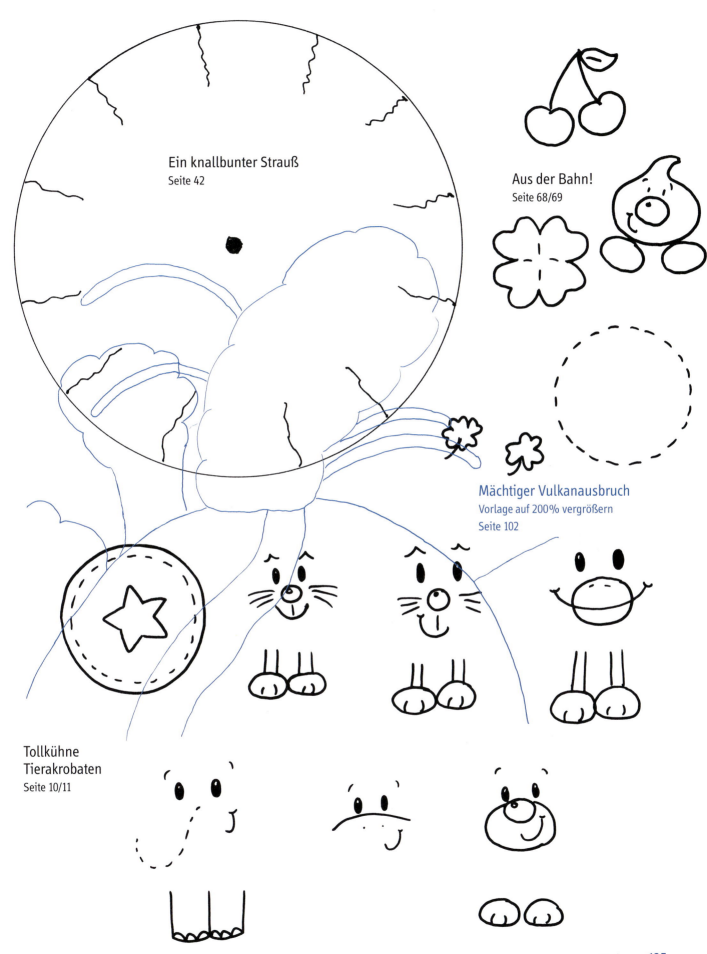

Vorlagen **135**

Fliegende Fische
Seite 16/17

Fabelhaftes Einhorn
Vorlage auf 125% vergrößern
Seite 100

Wüstenlandschaft
Vorlage auf 200% vergrößern
Seite 106/107

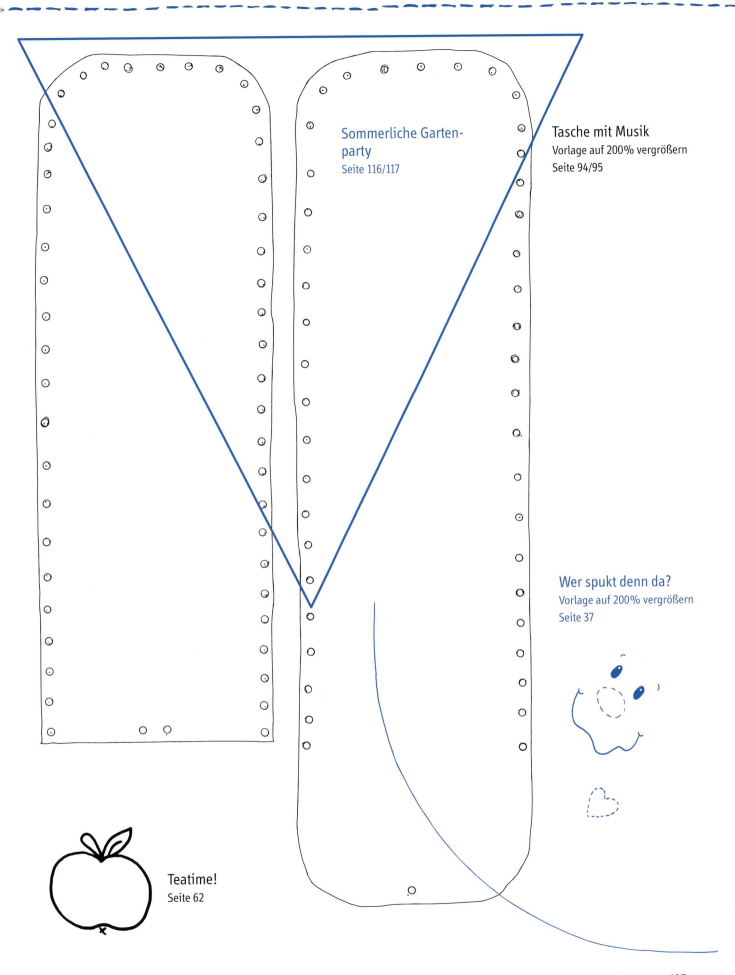

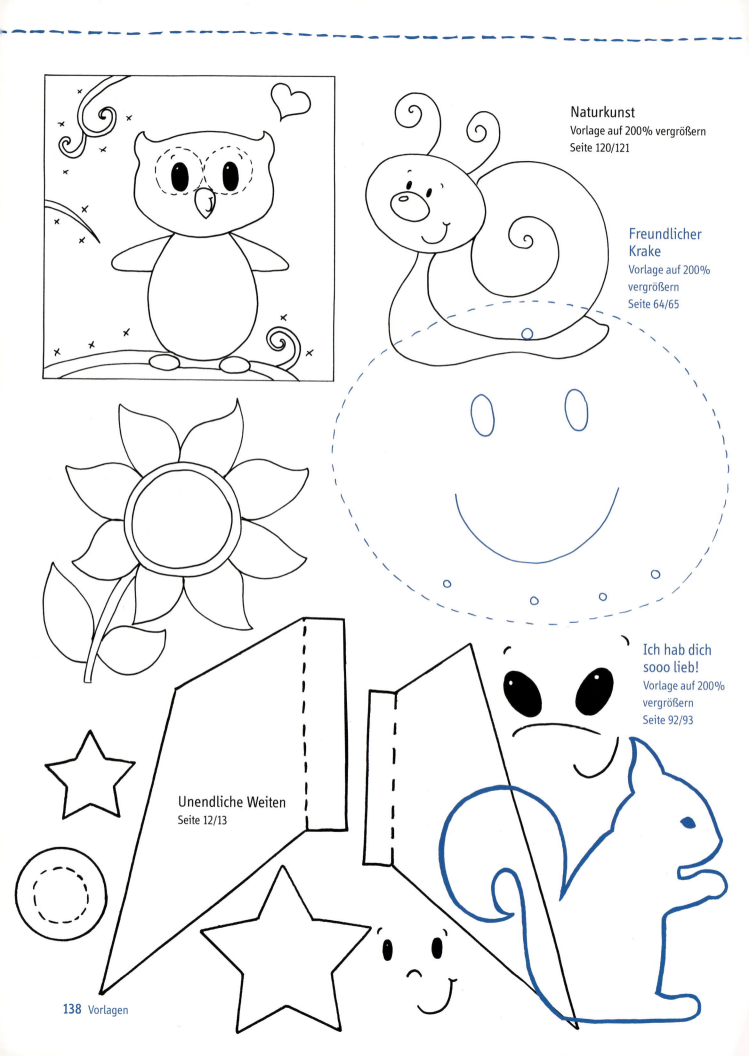

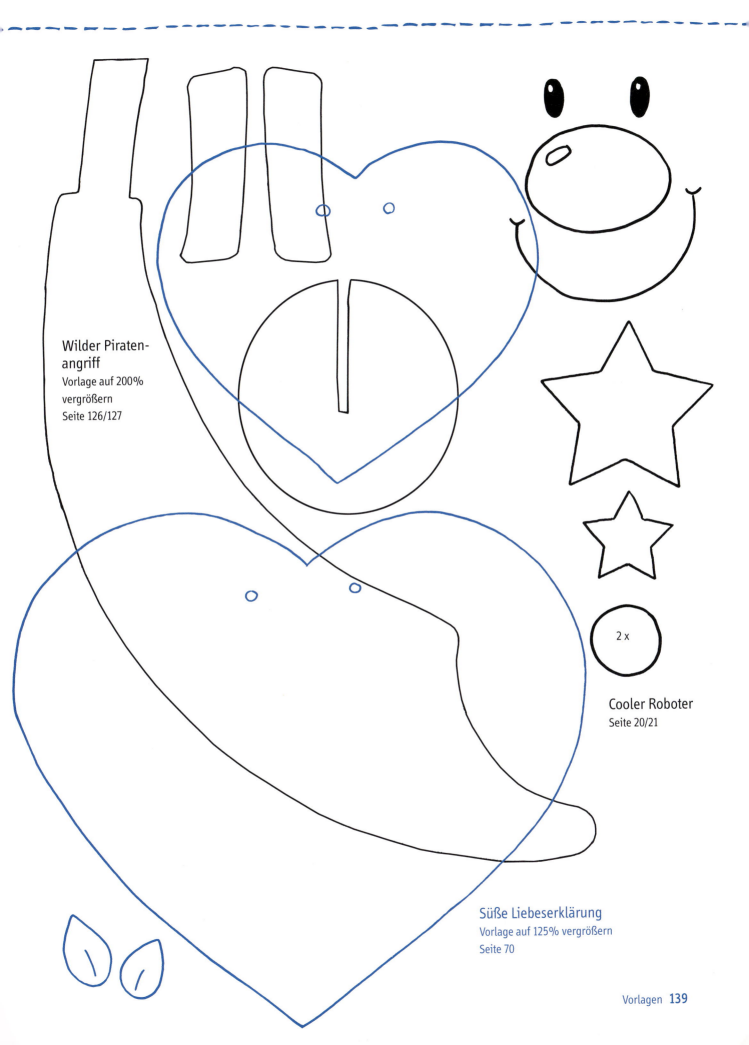

Meine Freunde
Seite 38/39

Mein Style
Seite 122/123

Meine Freunde
Seite 38/39

Vorlagen 141

Buchtipps für dich:

Du bist gerne kreativ und suchst nach Ideen? Ob völlig Verrücktes oder handwerkliche Basics, in diesen Büchern findest du, was du suchst!

TOPP 5780
ISBN 978-3-7724-5780-7

TOPP 5782
ISBN 978-3-7724-5782-1

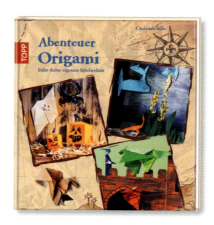

TOPP 5781
ISBN 978-3-7724-5781-4

TOPP 5757
ISBN 978-3-7724-5757-9

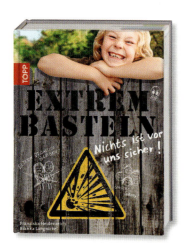

TOPP 5753
ISBN 978-3-7724-5753-1

TOPP 5774
ISBN 978-3-7724-5774-6

TOPP 5729
ISBN 978-3-7724-5729-9

TOPP 5764
ISBN 978-3-7724-5764-7

TOPP 5787
ISBN 978-3-7724-5787-6

TOPP 5777
ISBN 978-3-7724-5777-7

TOPP 5756
ISBN 978-3-7724-5756-2

TOPP 5730
ISBN 978-3-7724-5730-?

TOPP 5735
ISBN 978-3-7724-5735-7

Werbung 143

Die Autorinnen

Sabine Heruday ist in Königstein geboren und hat Grafik Design studiert. Seit 2004 arbeitet sie als Umweltpädagogin und freischaffende Künstlerin. „Wenn ich im Wald künstlerisch unterwegs bin, lasse ich mich gerne von meiner inneren Stimme leiten und folge meinen Impulsen. In diesen Prozessen gibt es kein gut oder schlecht, richtig oder falsch... alles darf geschehen."

Birgit Kaufmann lebt zusammen mit ihrem Mann und ihrer Tochter Ronja in der Nähe von Regensburg. Von klein auf wurde in ihrer Familie gebastelt, gesägt, genäht und gehämmert. Durch die Arbeit im Kindergarten kann sie ihre Ideen gleich mit der richtigen Altersgruppe ausprobieren.

Pascale Adrienne Lamm lebt und arbeitet als freischaffende Künstlerin in Köln. Seit ihrem Studium in den Niederlanden verwirklichte sie zahllose Ideen und Ausstellungen. Außerdem entwickelt sie Kinderbücher, arbeitet als Grafikerin und leitet Workshops und Kunstprojekte für Kinder und Jugendliche.

Tanja Neukircher ist in Mülheim an der Ruhr geboren und machte eine Ausbildung zur Siebdruckerin und gestaltungs-technischen Assistentin. Anschließend arbeitete sie in verschiedenen Werbeagenturen im Raum Düsseldorf. Während ihrer Arbeit in einer Kunstschule für Kinder entdeckte sie ihre Begeisterung für Kinderbasteltechniken. Momentan arbeitet sie als Ideengeberin in einem Kreativmarkt und verkauft Handgemachtes bei DaWanda.

Andrea Wegener ist im Saarland geboren, ist Sonderpädagogin, Mutter von sieben und Großmutter von drei Kindern. 1998 gründete sie zusammen mit ihrem Mann das Interaktionsmuseum für Kinder „Abenteuer-Land der Sinne" in Taunusstein und leitet bis heute das erfolgreiche Familienunternehmen mit angeschlossener Kreativwerkstatt.

DANKE!
Wir danken unseren Fotokindern: Lara Kim, David, Jonas, Lene, Jakob, Charlotte, Konstantin, Shah Rukh, Theo, Gino, Antonia, Jette, Ilias, Emma, Mai Ly, Celine-Katrin, Gabriel, Yella, Anna und Maja. Den Betreuern der der Kita Neckarstraße, Stuttgart, danken wir für den fröhlichen Waldtag! Außerdem danken wir folgenden Materialherstellern für ihre großzügige Unterstützung: Marabu (Tamm), Marpa Jansen (Mönchengladbach), Efco (Rohrbach), Rayher (Laupheim), Ludwig Bähr (Kassel), Glorex (Rheinfelden) und ideen.com (Marburg).

IMPRESSUM
MODELLE: Sabine Heruday (S.128-133), Birgit Kaufmann (S.10-13, 16/17, 20/21, 36, 37, 56, 57, 60-65, 68-72, 83, 116/117, 120/121, 124, 125), Pascale Lamm (S.24-27, 34/35, 38/39, 47-51, 92/93, 108/109, 118/119), Tanja Neukircher (S.44-47, 66/67, 76/77, 88/89, 100-102, 110/111), Andrea Wegener (S.14/15, 18/19, 22/23, 40-43, 58/59, 78-82, 84-87, 90/91, 94/95, 103-107, 122/123, 126/127)
FOTOS: frechverlag GmbH, 70499 Stuttgart; lichtpunkt, Michael Ruder, Stuttgart
ARBEITSSCHRITTFOTOS: frechverlag GmbH, 70499 Stuttgart; Sabine Heruday (S.132), Birgit Kaufmann (S.8, 9, 12/13, 55, 114/115, 116/117), Pascale Lamm (S.8, 25-27, 31, 33, 34/35, 47, 49-51, 74, 92/93, 98, 109, 114, 119), Tanja Neukircher (S.32, 44, 55, 66, 75, 76, 88/89, 99, 110), Andrea Wegener (S.14/15, 19, 22, 41, 42/43, 58/59, 79, 81/82, 85/86, 90, 94/95, 103, 104, 106/107, 122, 126)
REIHENKONZEPTION, PRODUKTMANAGEMENT UND LEKTORAT: Carolin Eichenlaub und Anja Detzel
UMSCHLAG: Anja Kappes, Hamburg
INHALTSLAYOUT: Büro für Gedrucktes, Beate Mössner, Stuttgart
HERSTELLUNG: Heike Köhl
DRUCK UND BINDUNG: Neografia, Slowakei

Materialangaben und Arbeitshinweise in diesem Buch wurden von den Autorinnen und den Mitarbeitern des Verlags sorgfältig geprüft. Eine Garantie wird jedoch nicht übernommen. Autorinnen und Verlag können für eventuell auftretende Fehler oder Schäden nicht haftbar gemacht werden. Das Werk und die darin gezeigten Modelle sind urheberrechtlich geschützt. Die Vervielfältigung und Verbreitung ist, außer für private, nicht kommerzielle Zwecke, untersagt und wird zivil- und strafrechtlich verfolgt. Dies gilt insbesondere für eine Verbreitung des Werkes durch Fotokopien, Film, Funk und Fernsehen, elektronische Medien und Internet sowie für eine gewerbliche Nutzung der gezeigten Modelle. Bei Verwendung im Unterricht und in Kursen ist auf dieses Buch hinzuweisen.

1. Auflage 2013

© 2013 **frechverlag** GmbH, 70499 Stuttgart

ISBN 978-3-7724-5783-8
Best.-Nr. 5783